# educamos·sm

Caro aluno, seja bem-vindo à sua plataforma do conhecimento!

A partir de agora, você tem à sua disposição uma plataforma que reúne, em um só lugar, recursos educacionais digitais que complementam os livros impressos e são desenvolvidos especialmente para auxiliar você em seus estudos. Veja como é fácil e rápido acessar os recursos deste projeto.

1 Faça a ativação dos códigos dos seus livros.

Se você NÃO tiver cadastro na plataforma:

- Para acessar os recursos digitais, você precisa estar cadastrado na plataforma educamos.sm. Em seu computador, acesse o endereço <br.educamos.sm>.
- No canto superior direito, clique em "**Primeiro acesso? Clique aqui**". Para iniciar o cadastro, insira o código indicado abaixo.
- Depois de incluir todos os códigos, clique em "**Registrar-se**" e, em seguida, preencha o formulário para concluir esta etapa.

Se você JÁ fez cadastro na plataforma:

- Em seu computador, acesse a plataforma e faça o *login* no canto superior direito.
- Em seguida, você visualizará os livros que já estão ativados em seu perfil. Clique no botão "**Adicionar livro**" e insira o código abaixo.

Este é o seu código de ativação! → **DAV9F-2FXBR-APV7P**

2 Acesse os recursos.

Usando um computador

Acesse o endereço <br.educamos.sm> e faça o *login* no canto superior direito. Nessa página, você visualizará todos os seus livros cadastrados. Para acessar o livro desejado, basta clicar na sua capa.

Usando um dispositivo móvel

Instale o aplicativo **educamos.sm**, que está disponível gratuitamente na loja de aplicativos do dispositivo. Utilize o mesmo *login* e a mesma senha da plataforma para acessar o aplicativo.

Importante! Não se esqueça de sempre cadastrar seus livros da SM em seu perfil. Assim, você garante a visualização dos seus conteúdos, seja no computador, seja no dispositivo móvel. Em caso de dúvida, entre em contato com nosso canal de atendimento pelo **telefone 0800 72 54876** ou pelo *e-mail* atendimento@grupo-sm.com.

01820

Aprender juntos

1
1º ano

GEOGRAFIA
ENSINO FUNDAMENTAL

ORGANIZADORA: EDIÇÕES SM
Obra coletiva concebida, desenvolvida e produzida por Edições SM.

São Paulo, 1ª edição, 2017

Aprender Juntos Geografia 1
© Edições SM Ltda.
Todos os direitos reservados

Direção editorial	M. Esther Nejm
Gerência editorial	Cláudia Carvalho Neves
Gerência de *design* e produção	André Monteiro
Edição executiva	Robson Rocha
	Edição: Camila Duarte, Cláudio Mattiuzzi, Felipe Barrionuevo, Flavio Manzatto de Souza, Gisele Manoel Reis, Jéssica Vieira de Faria, Júlia Jacomini Costa
	Colaboração técnico-pedagógica: Eliano de Souza Martins Freitas
Suporte editorial	Alzira Bertholim, Fernanda Fortunato, Giselle Marangon, Talita Vieira, Silvana Siqueira
Coordenação de preparação e revisão	Cláudia Rodrigues do Espírito Santo
	Preparação e revisão: Ana Paula Ribeiro Migiyama, Maria de Fátima Cavallaro, Taciana Vaz, Vera Lúcia Rocha
	Apoio de equipe: Beatriz Nascimento, Camila Durães Torres
Coordenação de *design*	Gilciane Munhoz
	***Design*:** Tiago Stéfano
Coordenação de arte	Ulisses Pires, Juliano de Arruda Fernandes, Melissa Steiner Rocha Antunes
	Edição de arte: Eduardo Sokei, Angelice Taioque Moreira
Coordenação de iconografia	Josiane Laurentino
	Pesquisa iconográfica: Graciela Naliati Araujo, Odete Pereira
	Tratamento de imagem: Marcelo Casaro
Capa	João Brito, Gilciane Munhoz
	Ilustração da capa: A mascoteria
Projeto gráfico	Estúdio Insólito
Editoração eletrônica	Estúdio Anexo
Ilustrações	André Aguiar, Bruna Ishihara, George Tutumi, Glair Alonso, Ideário Lab, João Picoli, Mirella Spinelli, Vanessa Alexandre
Fabricação	Alexander Maeda
Impressão	EGB Editora Gráfica Bernardi Ltda.

Elaboração de originais

Robson Rocha
Bacharel e licenciado em Geografia pela Faculdade de Filosofia, Letras e Ciências Humanas (FFLCH) da Universidade de São Paulo (USP). Mestre em Ciências (área de concentração: Geografia Humana) pela FFLCH-USP. Professor do Ensino Fundamental. Editor de livros didáticos.

Dados Internacionais de Catalogação na Publicação (CIP)
(Câmara Brasileira do Livro, SP, Brasil)

Aprender juntos geografia, 1º ano : ensino fundamental / organizadora Edições SM ; obra coletiva concebida, desenvolvida e produzida por Edições SM ; editor responsável Robson Rocha. — 1. ed. — São Paulo : Edições SM, 2017. — (Aprender juntos)

Suplementado pelo manual do professor.
Vários autores.
Bibliografia.
ISBN 978-85-418-1929-9 (aluno)
ISBN 978-85-418-1930-5 (professor)

1. Geografia (Ensino fundamental) I. Rocha, Robson.
II. Série.

17-09291   CDD-372.891

Índices para catálogo sistemático:
1. Geografia : Ensino fundamental 372.891
1ª edição, 2017

1ª edição, 2017
2ª impressão, JUNHO 2019

Edições SM Ltda.
Rua Tenente Lycurgo Lopes da Cruz, 55
Água Branca 05036-120 São Paulo SP Brasil
Tel. 11 2111-7400
edicoessm@grupo-sm.com
www.edicoessm.com.br

APRESENTAÇÃO

CARO ALUNO,

ESTE LIVRO FOI CUIDADOSAMENTE PENSADO PARA AJUDÁ-LO A CONSTRUIR UMA APRENDIZAGEM SÓLIDA E CHEIA DE SIGNIFICADOS QUE LHE SEJAM ÚTEIS NÃO SOMENTE HOJE, MAS TAMBÉM NO FUTURO. NELE, VOCÊ VAI ENCONTRAR ESTÍMULOS PARA CRIAR, EXPRESSAR IDEIAS E PENSAMENTOS, REFLETIR SOBRE O QUE APRENDE, TROCAR EXPERIÊNCIAS E CONHECIMENTOS.

OS TEMAS, OS TEXTOS, AS IMAGENS E AS ATIVIDADES PROPOSTOS NESTE LIVRO OFERECEM OPORTUNIDADES PARA QUE VOCÊ SE DESENVOLVA COMO ESTUDANTE E COMO CIDADÃO, CULTIVANDO VALORES UNIVERSAIS COMO RESPONSABILIDADE, RESPEITO, SOLIDARIEDADE, LIBERDADE E JUSTIÇA.

ACREDITAMOS QUE É POR MEIO DE ATITUDES POSITIVAS E CONSTRUTIVAS QUE SE CONQUISTAM AUTONOMIA E CAPACIDADE PARA TOMAR DECISÕES ACERTADAS, RESOLVER PROBLEMAS E SUPERAR CONFLITOS.

ESPERAMOS QUE ESTE MATERIAL DIDÁTICO CONTRIBUA PARA O SEU DESENVOLVIMENTO E PARA A SUA FORMAÇÃO.

BONS ESTUDOS!

EQUIPE EDITORIAL

CONHEÇA SEU LIVRO

CONHECER SEU LIVRO DIDÁTICO VAI AJUDAR VOCÊ A APROVEITAR MELHOR AS OPORTUNIDADES DE APRENDIZAGEM QUE ELE OFERECE.

ESTE VOLUME CONTÉM OITO CAPÍTULOS. VEJA COMO CADA CAPÍTULO ESTÁ ORGANIZADO.

CAPÍTULO 2 ONDE EU BRINCO

BRINCAR É UMA ATIVIDADE MUITO IMPORTANTE PARA AS CRIANÇAS. MAS VOCÊ SABE ONDE ELAS BRINCAM?

OBSERVE OS LUGARES ONDE AS CRIANÇAS ESTÃO BRINCANDO NA IMAGEM A SEGUIR.

- ONDE AS CRIANÇAS ESTÃO BRINCANDO?
- VOCÊ TAMBÉM BRINCA EM LUGARES COMO ESSES?
- EXISTEM PARQUES OU PRAÇAS PERTO DE ONDE VOCÊ MORA? O QUE AS PESSOAS COSTUMAM FAZER NESSES ESPAÇOS?
- EM QUE OUTROS LUGARES AS CRIANÇAS BRINCAM?

20 VINTE

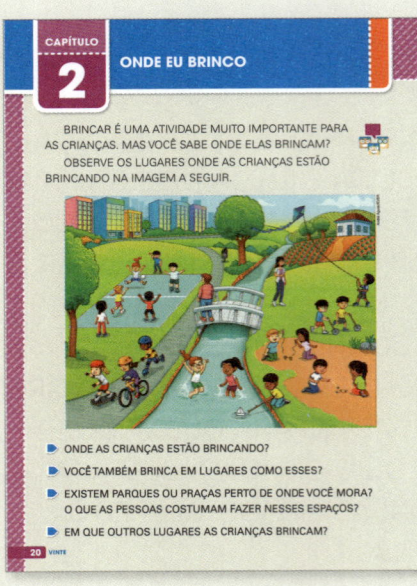

ABERTURA DE CAPÍTULO

ESSA PÁGINA MARCA O INÍCIO DE UM CAPÍTULO. TEXTOS, IMAGENS VARIADAS E ATIVIDADES VÃO FAZER VOCÊ PENSAR E CONVERSAR SOBRE OS TEMAS QUE SERÃO DESENVOLVIDOS AO LONGO DO CAPÍTULO.

DESENVOLVIMENTO DO ASSUNTO

OS TEXTOS, AS IMAGENS E AS ATIVIDADES DESTAS PÁGINAS PERMITIRÃO QUE VOCÊ COMPREENDA O CONTEÚDO QUE ESTÁ SENDO APRESENTADO.

TRABALHADORES DO PASSADO

ALGUMAS PROFISSÕES QUE CONHECEMOS HOJE EXISTEM HÁ MUITO TEMPO, COMO É O CASO DOS MÉDICOS. MAS HÁ PROFISSÕES QUE DEIXARAM DE EXISTIR.

NO PASSADO, A ILUMINAÇÃO DAS RUAS ERA FEITA COM POSTES DE LAMPIÃO A GÁS. UM TRABALHADOR ACENDIA OS LAMPIÕES. INGLATERRA, 1962.

NO PASSADO, HAVIA TRABALHADORES RESPONSÁVEIS POR LIGAR CABOS PARA COMPLETAR UMA LIGAÇÃO TELEFÔNICA. ALEMANHA, 1925.

1 CONVERSE COM UMA PESSOA MAIS VELHA DE SUA FAMÍLIA. PROCURE SABER SE ELA CONHECE OUTRAS PROFISSÕES QUE NÃO EXISTEM MAIS. PERGUNTE A ELA:

A. O NOME DA PROFISSÃO.

B. O QUE ESSE PROFISSIONAL FAZIA?

■ NA SALA DE AULA, CONTE AOS COLEGAS E AO PROFESSOR O QUE DESCOBRIU. OUÇA AS DESCOBERTAS DOS COLEGAS.

MUSEU DE ARTES E OFÍCIOS – VISITA VIRTUAL

DISPONÍVEL EM: <http://www.eravirtual.org/mao_br_1>. ACESSO EM: 9 NOV. 2017.

FAÇA UMA VISITA VIRTUAL PELA EXPOSIÇÃO PERMANENTE DO MUSEU PARA DESCOBRIR DIFERENTES TRABALHOS QUE EXISTIRAM NO PASSADO.

68 SESSENTA E OITO

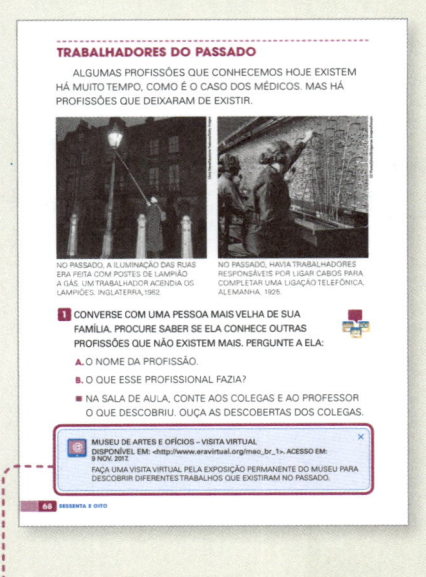

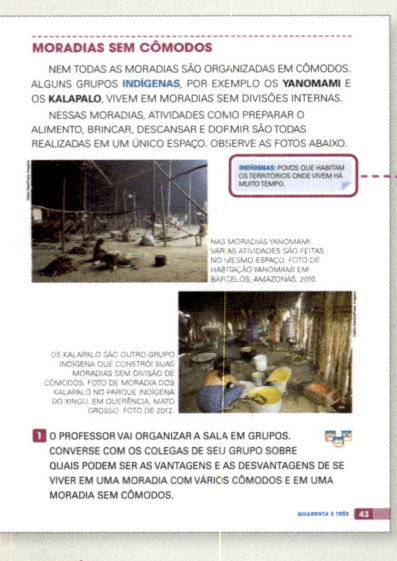

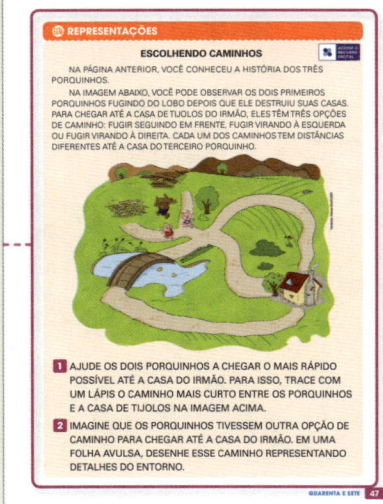

SUGESTÃO DE *SITE*

AS SUGESTÕES DE *SITES* PERMITEM EXPLORAR E APROFUNDAR OS CONHECIMENTOS RELACIONADOS AOS TEMAS ESTUDADOS.

REPRESENTAÇÕES

COM OS TEXTOS E AS ATIVIDADES DESSA SEÇÃO, VOCÊ VAI APRENDER A LER, A INTERPRETAR E A ELABORAR REPRESENTAÇÕES DO MUNDO À SUA VOLTA.

REPRESENTAÇÕES

ESCOLHENDO CAMINHOS

NA PÁGINA ANTERIOR, VOCÊ CONHECEU A HISTÓRIA DOS TRÊS PORQUINHOS.

NA IMAGEM ABAIXO, VOCÊ PODE OBSERVAR OS DOIS PRIMEIROS PORQUINHOS FUGINDO DO LOBO DEPOIS QUE ELE DESTRUIU SUAS CASAS. PARA CHEGAR ATÉ A CASA DE TIJOLOS DO IRMÃO, ELES TÊM TRÊS OPÇÕES DE CAMINHO: FUGIR SEGUINDO EM FRENTE, FUGIR VIRANDO À ESQUERDA OU FUGIR VIRANDO À DIREITA. CADA UM DOS CAMINHOS TEM DISTÂNCIAS DIFERENTES ATÉ A CASA DO TERCEIRO PORQUINHO.

1 AJUDE OS DOIS PORQUINHOS A CHEGAR O MAIS RÁPIDO POSSÍVEL ATÉ A CASA DO IRMÃO. PARA ISSO, TRACE COM UM LÁPIS O CAMINHO MAIS CURTO ENTRE OS PORQUINHOS E A CASA DE TIJOLOS NA IMAGEM ACIMA.

2 IMAGINE QUE OS PORQUINHOS TIVESSEM OUTRA OPÇÃO DE CAMINHO PARA CHEGAR ATÉ A CASA DO IRMÃO. EM UMA FOLHA AVULSA, DESENHE ESSE CAMINHO REPRESENTANDO DETALHES DO ENTORNO.

QUARENTA E SETE 47

MORADIAS SEM CÔMODOS

NEM TODAS AS MORADIAS SÃO ORGANIZADAS EM CÔMODOS. ALGUNS GRUPOS **INDÍGENAS**, POR EXEMPLO OS **YANOMAMI** E OS **KALAPALO**, VIVEM EM MORADIAS SEM DIVISÕES INTERNAS.

NESSAS MORADIAS, ATIVIDADES COMO PREPARAR O ALIMENTO, BRINCAR, DESCANSAR E DORMIR SÃO TODAS REALIZADAS EM UM ÚNICO ESPAÇO. OBSERVE AS FOTOS ABAIXO.

INDÍGENAS: POVOS QUE HABITAM OS TERRITÓRIOS ONDE VIVEM HÁ MUITO TEMPO.

NAS MORADIAS YANOMAMI, VÁRIAS ATIVIDADES SÃO FEITAS NO MESMO ESPAÇO. FOTO DE HABITAÇÃO YANOMAMI EM BARCELOS, AMAZONAS, 2010.

OS KALAPALO SÃO OUTRO GRUPO INDÍGENA QUE CONSTRÓI SUAS MORADIAS SEM DIVISÃO DE CÔMODOS. FOTO DE MORADIA DOS KALAPALO NO PARQUE INDÍGENA DO XINGU, EM QUERÊNCIA, MATO GROSSO. FOTO DE 2012.

1 O PROFESSOR VAI ORGANIZAR A SALA EM GRUPOS. CONVERSE COM OS COLEGAS DE SEU GRUPO SOBRE QUAIS PODEM SER AS VANTAGENS E AS DESVANTAGENS DE SE VIVER EM UMA MORADIA COM VÁRIOS CÔMODOS E EM UMA MORADIA SEM CÔMODOS.

QUARENTA E TRÊS 43

GLOSSÁRIO

AO LONGO DO LIVRO, VOCÊ VAI ENCONTRAR UMA BREVE EXPLICAÇÃO DE ALGUMAS PALAVRAS E EXPRESSÕES QUE TALVEZ VOCÊ NÃO CONHEÇA.

FINALIZANDO O CAPÍTULO

NO FIM DOS CAPÍTULOS, HÁ SEÇÕES QUE BUSCAM AMPLIAR SEUS CONHECIMENTOS SOBRE A LEITURA DE IMAGENS, A DIVERSIDADE CULTURAL E OS CONTEÚDOS ABORDADOS NO CAPÍTULO.

A SEÇÃO **VAMOS LER IMAGENS!** PROPÕE A ANÁLISE DE UMA OU MAIS IMAGENS E É ACOMPANHADA DE ATIVIDADES QUE VÃO AJUDAR VOCÊ A COMPREENDER DIFERENTES TIPOS DE IMAGEM.

NA SEÇÃO **PESSOAS E LUGARES** VOCÊ VAI CONHECER ALGUMAS CARACTERÍSTICAS CULTURAIS DE DIFERENTES COMUNIDADES.

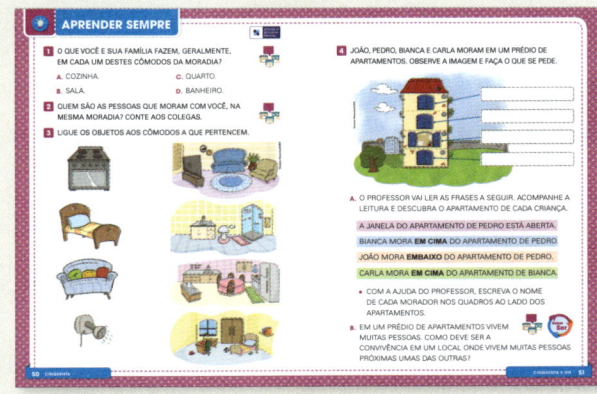

AS ATIVIDADES DA SEÇÃO **APRENDER SEMPRE** SÃO UMA OPORTUNIDADE PARA VOCÊ VERIFICAR O QUE APRENDEU, ANALISAR OS ASSUNTOS ESTUDADOS EM CADA CAPÍTULO E REFLETIR SOBRE ELES.

MATERIAL COMPLEMENTAR

 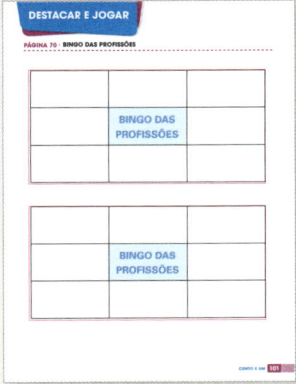 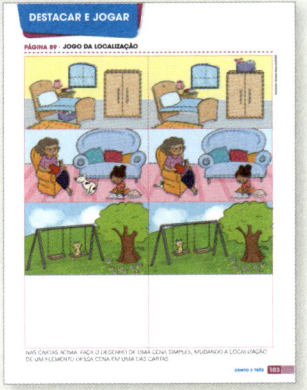

NO FINAL DO LIVRO, VOCÊ VAI ENCONTRAR MATERIAL COMPLEMENTAR PARA USAR EM ALGUMAS ATIVIDADES.

ÍCONES USADOS NO LIVRO

 ATIVIDADE ORAL

 ATIVIDADE EM DUPLA

 ATIVIDADE EM GRUPO

 IMAGENS SEM PROPORÇÃO DE TAMANHO ENTRE SI

 RECURSO DIGITAL

 SABER SER

SINALIZA MOMENTOS PROPÍCIOS PARA PROFESSOR E ALUNO REFLETIREM SOBRE QUESTÕES RELACIONADAS A VALORES.

SUMÁRIO

CAPÍTULO 1
SOU CRIANÇA › 8

INFÂNCIA › 9
DIFERENTES BRINCADEIRAS › 10
BRINCADEIRAS DO PASSADO E DO PRESENTE › 12
BRINCANDO COM O CORPO › 14
REPRESENTAÇÕES
LADO DIREITO E LADO ESQUERDO › 15
VAMOS LER IMAGENS!
FOTOGRAFIAS ANTIGAS › 16

APRENDER SEMPRE › 18

CAPÍTULO 3
OS LUGARES QUE FREQUENTO › 30

DIFERENTES LUGARES › 31
REGRAS E BOA CONVIVÊNCIA › 32
ESPAÇOS DE TODOS › 34
CUIDANDO DO ESPAÇO DE TODOS › 36
REPRESENTAÇÕES
DENTRO E FORA › 37

APRENDER SEMPRE › 38

CAPÍTULO 2
ONDE EU BRINCO › 20

BRINCAR EM TODA PARTE › 21
BRINCAR EM SEGURANÇA › 24
REPRESENTAÇÕES
MAIOR E MENOR › 25
PESSOAS E LUGARES
BRINCANDO DE GANGORRA CAVALO CEGO › 26

APRENDER SEMPRE › 28

CAPÍTULO 4
ONDE EU MORO › 40

MORADIA: LUGAR DE CONVIVÊNCIA › 41
MORADIAS SEM CÔMODOS › 43
MATERIAIS USADOS NAS CONSTRUÇÕES › 44
REPRESENTAÇÕES
ESCOLHENDO CAMINHOS › 47
ALGUNS OBJETOS DAS MORADIAS › 48
REPRESENTAÇÕES
EM CIMA, EMBAIXO › 49

APRENDER SEMPRE › 50

CAPÍTULO 5

MINHA ESCOLA › 52

O CAMINHO DE CASA PARA A ESCOLA › 53
CONVIVÊNCIA NA ESCOLA › 54
ATIVIDADES REALIZADAS NA ESCOLA › 55
REPRESENTAÇÕES
FRENTE E ATRÁS › 56
CUIDANDO DA ESCOLA › 57
A SUA TURMA › 58
CONVIVÊNCIA NA SALA DE AULA › 59

APRENDER SEMPRE › 60

CAPÍTULO 6

O TRABALHO NO DIA A DIA › 62

O TRABALHO DAS PESSOAS › 63
OS PRODUTOS DO TRABALHO › 64
COMO OS ALIMENTOS CHEGAM ATÉ NÓS › 66
OUTROS PROFISSIONAIS › 67
TRABALHADORES DO PASSADO › 68
REPRESENTAÇÕES
TRAJETO › 69

APRENDER SEMPRE › 70

CAPÍTULO 7

A NATUREZA NO DIA A DIA › 72

OS DIAS E AS NOITES › 73
TRABALHOS NOTURNOS › 74
OS LUGARES À NOITE E DE DIA › 75
O SOL E A CHUVA › 76
A IMPORTÂNCIA DA CHUVA › 78
O CALOR E O FRIO › 79
VAMOS LER IMAGENS!
COMPARAÇÃO DE FOTOS DE UM LUGAR › 80

APRENDER SEMPRE › 82

CAPÍTULO 8

OS RITMOS DA NATUREZA › 84

AS MUDANÇAS NA NATUREZA › 85
OS DIVERSOS ALIMENTOS QUE COMEMOS › 86
AS DIFERENTES ROUPAS QUE VESTIMOS › 87
REPRESENTAÇÕES
LOCALIZAÇÃO DE OBJETOS › 89
PESSOAS E LUGARES
A VIDA NO PANTANAL › 90

APRENDER SEMPRE › 92

SUGESTÕES DE LEITURA › 94
BIBLIOGRAFIA › 96
MATERIAL COMPLEMENTAR › 97

SETE **7**

CAPÍTULO 1

SOU CRIANÇA

VOCÊ É UMA CRIANÇA. MAS O QUE SIGNIFICA SER CRIANÇA? VEJA COMO ALGUNS ALUNOS DO PRIMEIRO ANO DO ENSINO FUNDAMENTAL REPRESENTARAM O QUE, PARA ELES, SIGNIFICA SER CRIANÇA.

Fotografias: Fernando Favoretto/Criar Imagem

- O QUE OS ALUNOS REPRESENTARAM NESSES DESENHOS?

- QUE ELEMENTOS SE REPETEM EM ALGUNS DOS DESENHOS? EM SUA OPINIÃO, POR QUE ISSO ACONTECE?

- DE QUAL DOS DESENHOS VOCÊ MAIS GOSTOU? POR QUÊ?

- PARA VOCÊ, O QUE É SER CRIANÇA? FAÇA UM DESENHO SOBRE ISSO EM UMA FOLHA AVULSA. DEPOIS, MOSTRE O DESENHO AOS COLEGAS E AO PROFESSOR.

INFÂNCIA

A INFÂNCIA É A PRIMEIRA FASE DA VIDA. NESSA FASE, EM QUE SOMOS CRIANÇAS, BRINCAMOS E APRENDEMOS MUITO. ALÉM DISSO, NOSSO CORPO PASSA POR VÁRIAS MUDANÇAS.

1 OBSERVE AS ATIVIDADES A SEGUIR. CIRCULE AS ATIVIDADES QUE VOCÊ JÁ SABE FAZER.

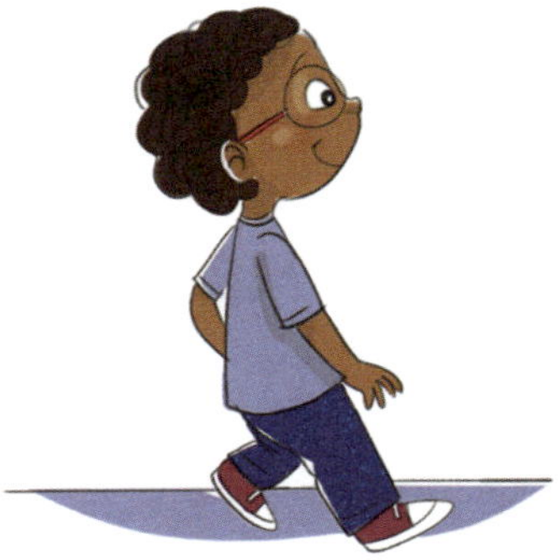
ANDAR.

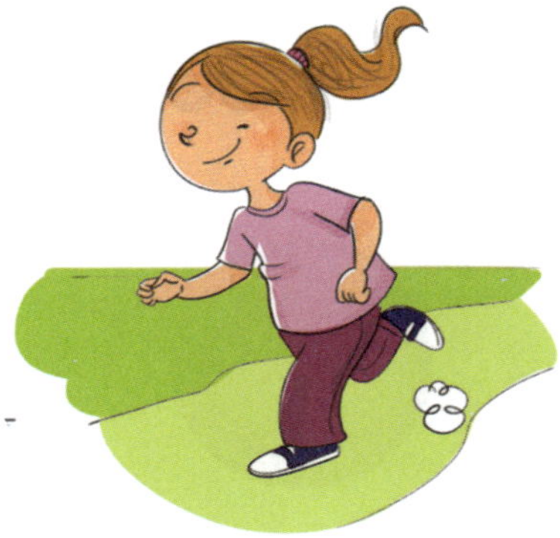
CORRER.

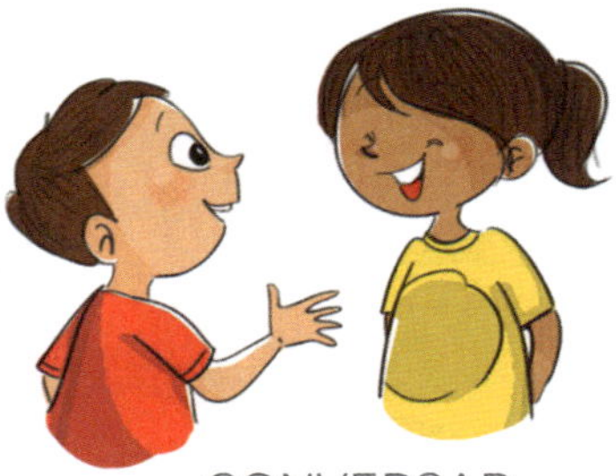
CONVERSAR.

Ilustrações: Vanessa Alexandre/ID/BR

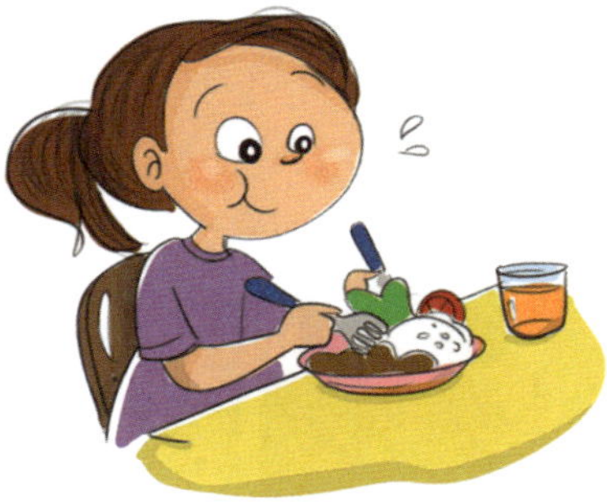
COMER SEM AJUDA.

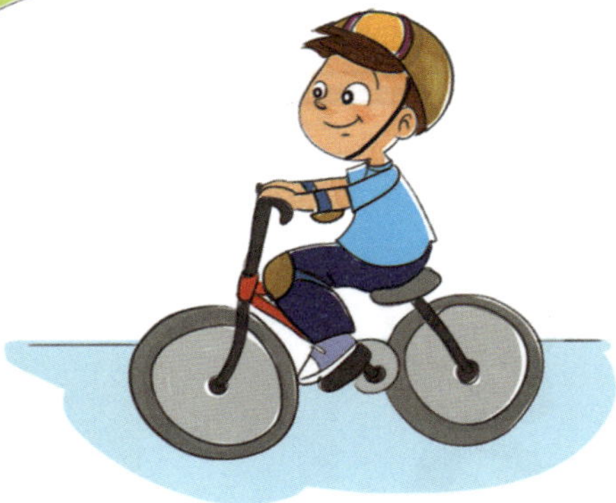
ANDAR DE BICICLETA.

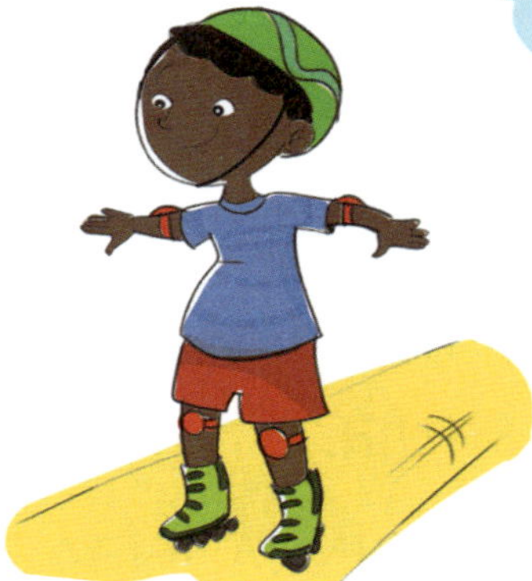
ANDAR DE PATINS.

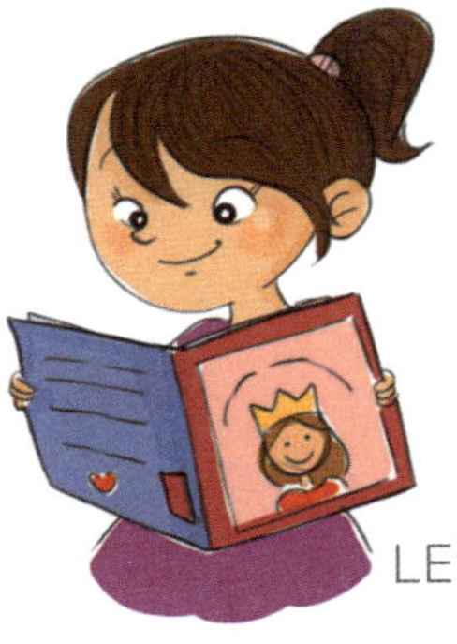
LER.

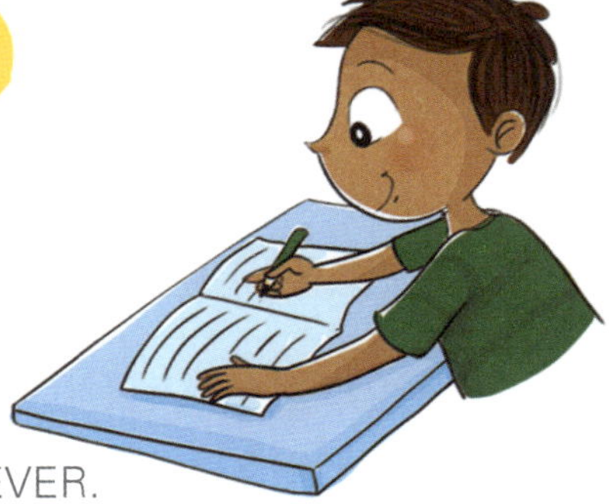
ESCREVER.

2 QUE OUTRAS ATIVIDADES VOCÊ SABE FAZER? CONVERSE COM UM COLEGA.

DIFERENTES BRINCADEIRAS

TODA CRIANÇA PRECISA DE CARINHO E DE PROTEÇÃO. ALÉM DISSO, TODA CRIANÇA PRECISA BRINCAR. AS CRIANÇAS PODEM APRENDER E SE DIVERTIR AO MESMO TEMPO DURANTE UMA BRINCADEIRA. EXISTEM MUITAS MANEIRAS DE BRINCAR.

1 OBSERVE OS BRINQUEDOS ABAIXO. CIRCULE AQUELES COM QUE VOCÊ BRINCA.

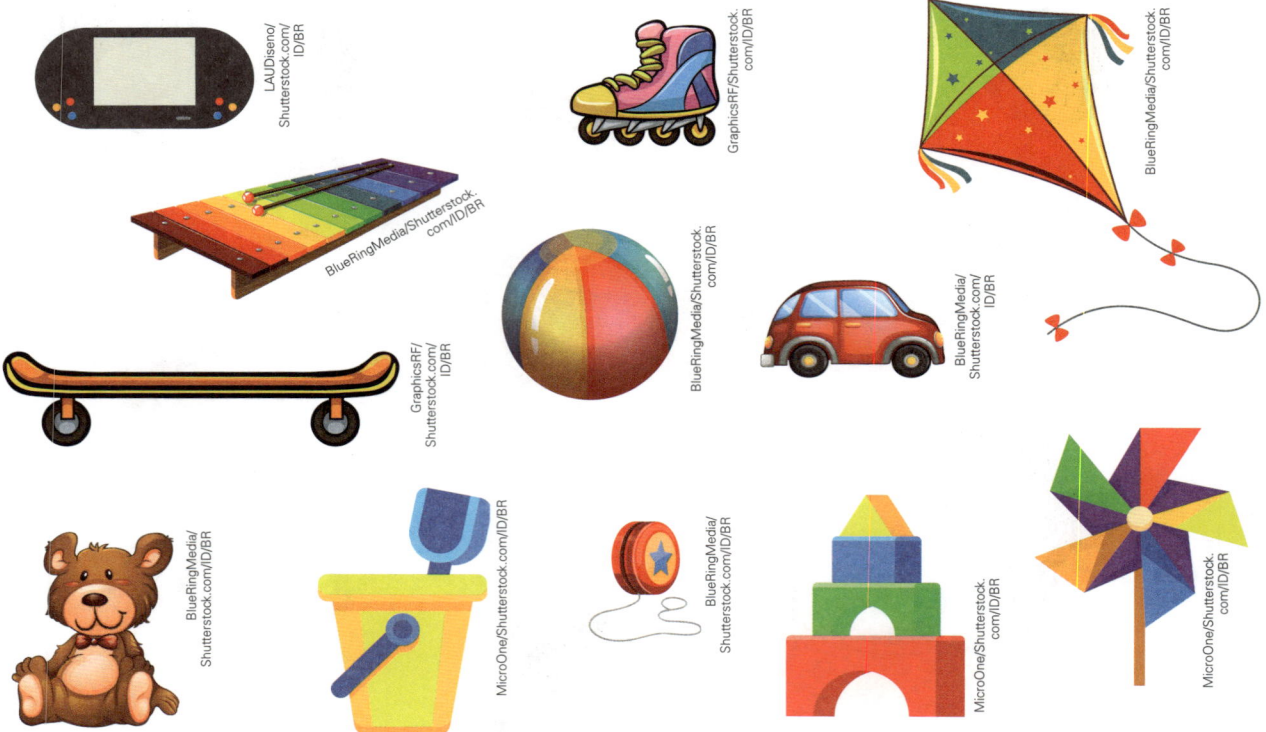

2 AGORA, CONVERSE COM UM COLEGA PARA RESPONDER ÀS QUESTÕES A SEGUIR.

A. QUAIS SÃO SUAS BRINCADEIRAS PREFERIDAS QUANDO VOCÊ ESTÁ SOZINHO?

B. DO QUE VOCÊ COSTUMA BRINCAR QUANDO ENCONTRA COM UM AMIGO? E QUANDO SE REÚNE COM VÁRIOS AMIGOS?

C. COM QUAIS BRINQUEDOS VOCÊ BRINCA MAIS? POR QUÊ?

D. COMO VOCÊ SE DIVERTE USANDO SÓ A IMAGINAÇÃO?

3 VAMOS DESCOBRIR A BRINCADEIRA PREFERIDA DA TURMA? FAÇA O QUE SE PEDE.

- CONTE À TURMA SUA BRINCADEIRA FAVORITA. O PROFESSOR VAI ANOTAR AS RESPOSTAS NA LOUSA.
- QUAIS FORAM AS QUATRO BRINCADEIRAS MAIS CITADAS PELA TURMA?
- AGORA, FAÇAM UMA VOTAÇÃO PARA SABER QUAL DAS QUATRO BRINCADEIRAS É A PREFERIDA DA TURMA.

4 DESENHE ABAIXO CRIANÇAS BRINCANDO COM A BRINCADEIRA PREFERIDA DA TURMA. DEPOIS, MOSTRE SEU DESENHO AOS COLEGAS E AO PROFESSOR.

5 DESTAQUE AS CARTAS DAS PÁGINAS 97 E 99 E OUÇA AS INSTRUÇÕES DO PROFESSOR PARA BRINCAR, EM DUPLA, COM O **JOGO DA MEMÓRIA – BRINCADEIRAS**.

ONZE 11

BRINCADEIRAS DO PASSADO E DO PRESENTE

A DIVERSÃO E O LAZER SEMPRE FORAM ATIVIDADES IMPORTANTES PARA AS PESSOAS. ADULTOS E CRIANÇAS, ACOMPANHADOS OU SOZINHOS, CRIARAM JOGOS E BRINCADEIRAS QUE SÃO TRANSMITIDOS DE GERAÇÃO A GERAÇÃO.

1 OBSERVE ESTA PINTURA PARA RESPONDER ÀS QUESTÕES A SEGUIR.

PIETER BRUEGEL. *JOGOS INFANTIS*, 1560. ÓLEO SOBRE MADEIRA.

A. A PINTURA ACIMA RETRATA UMA CENA ATUAL OU DE UM TEMPO DISTANTE? QUE ELEMENTOS INDICAM ISSO?

B. QUAIS JOGOS, BRINCADEIRAS E BRINQUEDOS VOCÊ CONSEGUE IDENTIFICAR NESSA IMAGEM?

C. DE QUAIS DESSES JOGOS E BRINCADEIRAS VOCÊ E SEUS AMIGOS TAMBÉM BRINCAM?

2 AGORA, OBSERVE AS BRINCADEIRAS NESTA PINTURA.

ANA MARIA DIAS. *FÉRIAS FELIZES*, 2014. ACRÍLICO SOBRE TELA.

A. QUAIS DESSAS BRINCADEIRAS VOCÊ CONHECE?

B. MOSTRE ESSA IMAGEM A UMA PESSOA MAIS VELHA QUE MORA COM VOCÊ. DE QUAIS DESSAS BRINCADEIRAS ELA COSTUMAVA BRINCAR QUANDO ERA CRIANÇA?

C. VOCÊ TAMBÉM BRINCA DAS MESMAS BRINCADEIRAS INDICADAS POR ESSA PESSOA?

3 PERGUNTE TAMBÉM A ESSA PESSOA QUAL ERA O BRINQUEDO FAVORITO DELA. DEPOIS, RESPONDA:

A. QUAL ERA O NOME DESSE BRINQUEDO?

B. COMO ELE ERA E COMO SE BRINCAVA COM ELE?

C. DE QUE MATERIAL ESSE BRINQUEDO ERA FEITO? PEÇA A AJUDA DESSA PESSOA PARA LER E MARCAR COM UM **X** O TIPO DE MATERIAL DESSE BRINQUEDO.

- ☐ MADEIRA.
- ☐ METAL.
- ☐ COURO.
- ☐ PLÁSTICO.
- ☐ PAPEL.
- ☐ OUTRO MATERIAL.

TREZE 13

BRINCANDO COM O CORPO

PODEMOS NOS DIVERTIR BRINCANDO COM BRINQUEDOS OU APENAS COM O PRÓPRIO CORPO.

OBSERVE OS EXEMPLOS DE BRINCADEIRAS A SEGUIR.

CRIANÇAS BRINCAM DE PEGA-PEGA EM BARCELOS, AMAZONAS. FOTO DE 2016.

CRIANÇAS BRINCAM DE PULA-SELA EM FRONTEIRA, MINAS GERAIS. FOTO DE 2017.

BRINCADEIRA DE CIRANDA NO MUNICÍPIO DE SÃO PAULO. FOTO DE 2015.

BRINCADEIRA DE QUEIMADA NO MUNICÍPIO DE SÃO PAULO. FOTO DE 2013.

1 MARQUE COM UM **X** AS BRINCADEIRAS QUE VOCÊ CONHECE.

2 NO LUGAR ONDE VOCÊ VIVE, ESSAS BRINCADEIRAS TÊM O MESMO NOME? CONVERSE COM OS COLEGAS E O PROFESSOR.

3 QUE OUTRAS BRINCADEIRAS EM QUE SE BRINCA APENAS COM O CORPO VOCÊ CONHECE? CONVERSE COM OS COLEGAS.

📖 REPRESENTAÇÕES

LADO DIREITO E LADO ESQUERDO

VOCÊ SABIA QUE NOSSO CORPO TEM DOIS LADOS: O **LADO DIREITO** E O **LADO ESQUERDO**?

OBSERVE A IMAGEM AO LADO. ELA REPRESENTA UMA MENINA DE FRENTE. NO CORPO DA MENINA ESTÃO INDICADOS O LADO ESQUERDO E O LADO DIREITO DELA.

1 A PRESILHA ESTÁ EM QUAL LADO DO CABELO DA MENINA?

☐ ESQUERDO.　　　☐ DIREITO.

2 AGORA, OBSERVE A BRINCADEIRA REPRESENTADA ABAIXO.

- NESSA BRINCADEIRA, QUEM NÃO ACERTAR O COMANDO SAI DA RODADA. UM DOS ALUNOS SE CONFUNDIU E BATEU NA PERNA **ESQUERDA**. CIRCULE ESSE ALUNO.

 **VAMOS LER IMAGENS!**

FOTOGRAFIAS ANTIGAS

AS FOTOGRAFIAS ANTIGAS PODEM NOS AJUDAR A CONHECER UM POUCO DA VIDA DAS PESSOAS NO PASSADO.

OBSERVE ESTA FOTO E ACOMPANHE A LEITURA QUE O PROFESSOR VAI FAZER DO TEXTO AO LADO DA IMAGEM.

MENINA BRINCANDO EM CARRINHO DE BRINQUEDO NOS ESTADOS UNIDOS. FOTO DE 1947.

AGORA, PRESTE ATENÇÃO NA LEITURA QUE O PROFESSOR VAI FAZER DO QUADRO ABAIXO. ELE TAMBÉM APRESENTA INFORMAÇÕES SOBRE ESSA FOTO.

QUANDO A FOTO FOI TIRADA?	EM 1947.
QUEM ESTÁ BRINCANDO?	UMA MENINA.
COMO É O BRINQUEDO RETRATADO NA FOTO?	CARRINHO FEITO DE MADEIRA, COURO E METAL. TEM QUATRO RODAS DE METAL E BORRACHA, UMA GRANDE PLACA NA FRENTE E UM VOLANTE.

16 DEZESSEIS

AGORA É A SUA VEZ

PEÇA A UM FAMILIAR MAIS VELHO OU A UM RESPONSÁVEL POR VOCÊ A FOTO DELE BRINCANDO COM ALGUM BRINQUEDO DE QUANDO ERA CRIANÇA. DEPOIS, COLE ESSA FOTO ABAIXO.

1 AGORA, OBSERVE A FOTO E FAÇA O QUE SE PEDE.

A. COMO É O BRINQUEDO COM QUE ESSA PESSOA BRINCAVA?

B. NA FOTO, A PESSOA ESTÁ BRINCANDO:

☐ SOZINHA. ☐ COM AMIGOS.

C. PERGUNTE A ELA QUANTOS ANOS SE PASSARAM DESDE A ÉPOCA EM QUE USAVA ESSE BRINQUEDO ATÉ HOJE.

2 COMPARE A FOTO DO BRINQUEDO QUE VOCÊ COLOU ACIMA COM O BRINQUEDO DA FOTO NA PÁGINA AO LADO. ELES SÃO PARECIDOS OU SÃO DIFERENTES? EXPLIQUE.

DEZESSETE 17

APRENDER SEMPRE

1 OBSERVE AS DUAS FOTOS A SEGUIR.

CRIANÇAS BRINCAM NO GIRA-GIRA EM UM PARQUE NO BRASIL. FOTO DE 1968.

CRIANÇAS SE DIVERTEM EM UM GIRA-GIRA NA POLÔNIA. FOTO DE 2017.

A. COMPLETE A FRASE COM AS LETRAS CORRETAS.

- A FOTO _____ É MAIS ANTIGA QUE A FOTO _____.

B. COMPARANDO AS IMAGENS, PODEMOS CONCLUIR QUE:

☐ O BRINQUEDO GIRA-GIRA FOI UTILIZADO PELAS CRIANÇAS APENAS NO PASSADO.

☐ CRIANÇAS EM DIFERENTES ÉPOCAS BRINCAM NO GIRA-GIRA.

C. ESSE BRINQUEDO ESTÁ PRESENTE NO LUGAR EM QUE VOCÊ VIVE? VOCÊ TAMBÉM BRINCA DE GIRA-GIRA? ONDE?

D. QUAIS CUIDADOS É PRECISO TER QUANDO SE BRINCA AO MESMO TEMPO COM VÁRIAS PESSOAS EM UM ÚNICO BRINQUEDO?

18 DEZOITO

2 AS CRIANÇAS INDÍGENAS, EM GERAL, FAZEM OS PRÓPRIOS BRINQUEDOS. VEJA O EXEMPLO ABAIXO, QUE MOSTRA UM PIÃO.

PIÃO FEITO PELO POVO WAIMIRI ATROARI COM MADEIRA E SEMENTE DE TUCUMÃ. O CORDÃO E O OUTRO PEDAÇO DE MADEIRA SÃO USADOS PARA JOGAR O PIÃO. FOTO DE 2012.

A. DE QUE MATERIAIS É FEITO O PIÃO MOSTRADO NA FOTO?

B. AGORA, VAMOS FAZER UM PIÃO! SIGA AS INSTRUÇÕES ABAIXO.

MATERIAIS NECESSÁRIOS

- 1 LÁPIS (MELHOR SE O LÁPIS FOR GRANDE)
- 4 PÁGINAS DUPLAS DE REVISTA
- TESOURA DE PONTAS ARREDONDADAS
- COLA

COMO FAZER

1  ENROLE AS FOLHAS, FORMANDO TUBOS.

2 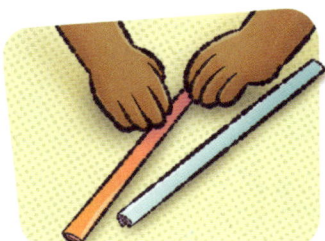 APERTE BEM OS TUBOS PARA QUE FIQUEM COM O FORMATO DE TIRAS.

3  PASSE COLA EM UM DOS LADOS DAS TIRAS. DEPOIS, COLE AS TIRAS EM VOLTA DO LÁPIS, UMA SOBRE A OUTRA. AS TIRAS DEVEM SER COLADAS PERTO DA PONTA DO LÁPIS.

4  ESPERE A COLA SECAR, E ESTÁ PRONTO O PIÃO! DIVIRTA-SE COM OS COLEGAS GIRANDO O BRINQUEDO SOBRE UMA SUPERFÍCIE PLANA.

DEZENOVE **19**

CAPÍTULO 2
ONDE EU BRINCO

BRINCAR É UMA ATIVIDADE MUITO IMPORTANTE PARA AS CRIANÇAS. MAS VOCÊ SABE ONDE ELAS BRINCAM?

OBSERVE OS LUGARES ONDE AS CRIANÇAS ESTÃO BRINCANDO NA IMAGEM A SEGUIR.

▶ ONDE AS CRIANÇAS ESTÃO BRINCANDO?

▶ VOCÊ TAMBÉM BRINCA EM LUGARES COMO ESSES?

▶ EXISTEM PARQUES OU PRAÇAS PERTO DE ONDE VOCÊ MORA? O QUE AS PESSOAS COSTUMAM FAZER NESSES ESPAÇOS?

▶ EM QUE OUTROS LUGARES AS CRIANÇAS BRINCAM?

BRINCAR EM TODA PARTE

AS PESSOAS VIVEM EM LUGARES COM DIFERENTES CARACTERÍSTICAS: ALGUNS LUGARES TÊM RIOS E MATAS. OUTROS TÊM MUITAS RUAS E PRAÇAS, POR EXEMPLO.

COM MUITO OU POUCO ESPAÇO LIVRE DISPONÍVEL, AS CRIANÇAS SEMPRE ENCONTRAM UM JEITO DE BRINCAR EM TODOS OS LUGARES. OBSERVE AS FOTOS E ACOMPANHE A LEITURA DO PROFESSOR.

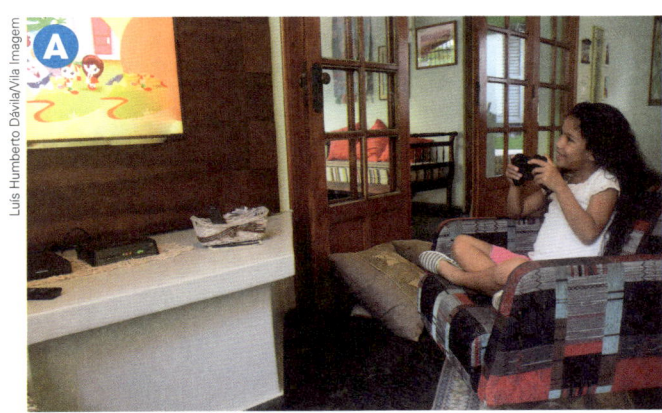

AS CRIANÇAS, ÀS VEZES, BRINCAM SOZINHAS, COMO ESSA MENINA QUE ESTÁ EM CASA JOGANDO *VIDEOGAME*. VITÓRIA, ESPÍRITO SANTO. FOTO DE 2017.

CRIANÇAS BRINCAM DE BOLA NO CONDOMÍNIO DO PRÉDIO ONDE MORAM, EM SÃO CAETANO DO SUL, SÃO PAULO. FOTO DE 2016.

MUITAS CRIANÇAS GOSTAM DE SOLTAR PIPA. PARA ESSA BRINCADEIRA, É PRECISO ESTAR EM ESPAÇOS ABERTOS. MANAUS, AMAZONAS. FOTO DE 2014.

CRIANÇAS INDÍGENAS BRINCAM EM LAGOA DURANTE PESCARIA, NA ALDEIA KAMAYURÁ. GAÚCHA DO NORTE, MATO GROSSO. FOTO DE 2014.

CRIANÇAS BRINCAM COM BOLA EM CAMPO DE FUTEBOL DE UMA ESCOLA EM ARARUAMA, RIO DE JANEIRO. FOTO DE 2015.

1 COM OS COLEGAS E O PROFESSOR, PREENCHA O QUADRO.

ONDE AS CRIANÇAS BRINCAM	FOTO
ESPAÇO ABERTO NA CIDADE	
NO CONDOMÍNIO DO PRÉDIO	
DENTRO DE CASA	
NO CAMPO DE FUTEBOL DA ESCOLA	
NA LAGOA DA ALDEIA	

2 OBSERVE NOVAMENTE OS LUGARES RETRATADOS NAS FOTOS DAS PÁGINAS ANTERIORES. ALGUM DELES É PARECIDO COM O LUGAR ONDE VOCÊ VIVE?

- ☐ SIM. O LUGAR DE QUAL FOTO? _____
- ☐ NÃO.

3 PENSE NOS LUGARES ONDE VOCÊ COSTUMA BRINCAR. NO ESPAÇO ABAIXO, COLE UMA FOTO OU FAÇA UM DESENHO DE ALGUM DESSES LUGARES.

TERRITÓRIO DO BRINCAR
DISPONÍVEL EM: <http://territoriodobrincar.com.br>. ACESSO EM: 24 NOV. 2017.
NESSE *SITE*, VOCÊ VAI CONHECER BRINCADEIRAS DE CRIANÇAS DE VÁRIOS LUGARES DO BRASIL.

BRINCAR EM SEGURANÇA

OS ESPAÇOS ABERTOS FAVORECEM DIVERSAS BRINCADEIRAS, PORQUE NELES É POSSÍVEL SE MOVIMENTAR MAIS LIVREMENTE. OBSERVE ALGUNS CUIDADOS NECESSÁRIOS PARA BRINCAR EM SEGURANÇA EM ESPAÇOS ABERTOS.

SOMENTE BRINQUE NA RUA SE SEUS PAIS DEIXAREM E SE NÃO HOUVER CIRCULAÇÃO DE VEÍCULOS, PORQUE VOCÊ PODE SE ENVOLVER EM UM ACIDENTE.

NÃO SOLTE PIPAS EM LOCAIS ONDE HÁ FIOS DE ELETRICIDADE. SE A LINHA DA PIPA ENROSCAR NESSES FIOS, VOCÊ PODE LEVAR UM CHOQUE.

SOMENTE ENTRE NA ÁGUA DE RIO, DE REPRESA OU DO MAR PARA BRINCAR SE ESTIVER USANDO BOIAS. VOCÊ TAMBÉM DEVE ESTAR SEMPRE ACOMPANHADO DE ADULTOS.

1 OBSERVE A FOTO ABAIXO E RESPONDA ÀS QUESTÕES.

CRIANÇAS BRINCAM DE AMARELINHA EM SALVADOR, BAHIA. FOTO DE 2017.

A. AS CRIANÇAS ESTÃO BRINCANDO EM SEGURANÇA? POR QUÊ?

B. EM SUA OPINIÃO, QUE LUGAR SERIA MAIS ADEQUADO PARA CRIANÇAS BRINCAREM?

C. NO LUGAR ONDE VOCÊ VIVE, HÁ ESPAÇOS ABERTOS SEGUROS PARA BRINCAR? EXPLIQUE.

REPRESENTAÇÕES

MAIOR E MENOR

PESSOAS, OBJETOS E LUGARES TÊM **TAMANHOS** DIFERENTES. OS LUGARES ONDE VOCÊ BRINCA, POR EXEMPLO, SÃO DE TAMANHOS DIFERENTES, OU SEJA, CADA UM DELES É **MAIOR** OU **MENOR** EM RELAÇÃO AOS OUTROS.

ESSA CARACTERÍSTICA TAMBÉM PODE SER OBSERVADA EM REPRESENTAÇÕES COMO DESENHOS, FOTOS E PINTURAS.

OBSERVE A SEGUIR A FOTO DE UM CONJUNTO DE BONECAS MATRIOSKAS, TÍPICAS DA RÚSSIA. UMA BONECA SE ENCAIXA DENTRO DA OUTRA, DA MENOR PARA A MAIOR.

1 NUMERE AS BONECAS DE **1** A **5**, DA MENOR PARA A MAIOR.

2 CIRCULE DE **VERDE** A **MAIOR** DAS BONECAS.

3 CIRCULE DE **AZUL** A **MENOR** DAS BONECAS.

4 DESENHE UM BRINQUEDO DE QUE VOCÊ GOSTA. REPRESENTE ESSE BRINQUEDO EM DOIS TAMANHOS DIFERENTES.

PESSOAS E LUGARES

BRINCANDO DE GANGORRA CAVALO CEGO

NO MUNICÍPIO DE SANTA MARIA DE JETIBÁ, NO ESPÍRITO SANTO, AS CRIANÇAS BRINCAM EM UMA GANGORRA CONHECIDA NO LOCAL COMO GANGORRA CAVALO CEGO.

O BRINQUEDO É FEITO COM O TRONCO DE EMBAÚBA, UMA ÁRVORE MUITO COMUM NESSE LUGAR.

OBSERVE AS FOTOS PARA ENTENDER COMO É FEITA A CONSTRUÇÃO DO BRINQUEDO.

1 A BASE DA GANGORRA É FEITA COM UM PEDAÇO MENOR DO TRONCO, QUE É PRESO AO CHÃO. SANTA MARIA DE JETIBÁ, ESPÍRITO SANTO, 2017.

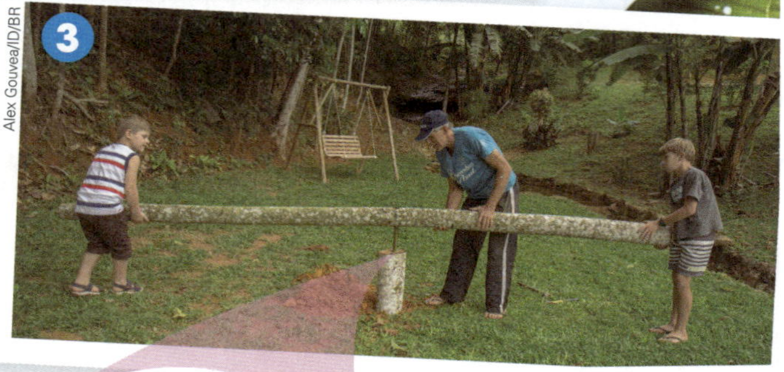

NO PEDAÇO MAIOR DO TRONCO (FOTO **2**), FAZ-SE UM BURACO NA METADE PARA ENCAIXÁ-LO NA BASE, SEM NENHUMA AMARRA (FOTO **3**). DESSE MODO, ESSE PEDAÇO FICA SOLTO PARA SE MOVIMENTAR PARA CIMA E PARA BAIXO E TAMBÉM PARA GIRAR (FOTO **4**). SANTA MARIA DE JETIBÁ, ESPÍRITO SANTO. FOTOS DE 2017.

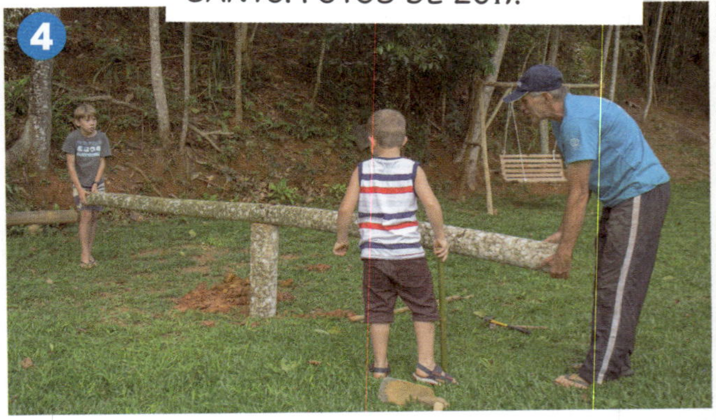

NESSA GANGORRA, CADA CRIANÇA SENTA EM UMA DAS PONTAS PARA SUBIR, DESCER E TAMBÉM GIRAR, PROCURANDO EQUILIBRAR-SE PARA NÃO CAIR. É DIVERSÃO GARANTIDA!

O CURIOSO NOME DO BRINQUEDO É INSPIRADO NA ATIVIDADE DE CAVALGAR, PORQUE AS CRIANÇAS SOBEM E DESCEM COMO SE ESTIVESSEM MONTADAS EM UM CAVALO. COMO GIRAM SEMPRE NO MESMO LUGAR, É COMO SE ESSE CAVALO IMAGINÁRIO FOSSE CEGO. SANTA MARIA DE JETIBÁ, ESPÍRITO SANTO. FOTO DE 2017.

1. VOCÊ JÁ BRINCOU EM UMA GANGORRA? EM CASO AFIRMATIVO, EXISTEM SEMELHANÇAS OU DIFERENÇAS ENTRE A GANGORRA EM QUE VOCÊ BRINCOU E A GANGORRA CAVALO CEGO? EXPLIQUE.

2. POR QUE A GANGORRA MOSTRADA NESSA SEÇÃO RECEBEU O NOME DE CAVALO CEGO?

3. PENSE NO LUGAR ONDE VOCÊ VIVE. É POSSÍVEL BRINCAR DE GANGORRA CAVALO CEGO NESSE LUGAR? POR QUÊ?

4. EXISTE ALGUMA BRINCADEIRA QUE SEJA MUITO COMUM NO LUGAR ONDE VOCÊ VIVE? COMO ELA É?

VINTE E SETE 27

APRENDER SEMPRE

1 LIGUE A FOTO DE CADA BRINCADEIRA À FOTO DE OUTRO LOCAL ONDE ELA TAMBÉM PODE ACONTECER.

PATINAÇÃO NO GELO NA SUÉCIA, 2016.

DONA FRANCISCA, RIO GRANDE DO SUL, 2017.

JOGO DE FUTEBOL EM MACAÚBAS, BAHIA, 2014.

ÁUSTRIA, 2017.

MERGULHO NO RIO EM BARCELOS, AMAZONAS, 2016.

MUNICÍPIO DE SÃO PAULO, 2017.

2 NAS IMAGENS ABAIXO, HÁ UMA BOLA BRANCA EM CADA UMA DELAS. SOBRE ESSAS DUAS BOLAS, FAÇA O QUE SE PEDE.

■ PINTE DE **VERDE** A BOLA **MAIOR** E DE **AZUL** A BOLA **MENOR**.

28 VINTE E OITO

3 ACOMPANHE A LEITURA DO PROFESSOR E OBSERVE AS FOTOS. DEPOIS, RESPONDA ÀS QUESTÕES.

> ALGUMAS CRIANÇAS NÃO CONSEGUEM ENXERGAR. OUTRAS NÃO PODEM ESCUTAR E FALAR. HÁ AINDA AQUELAS QUE NÃO PODEM ANDAR.
> PORÉM, TODAS ESSAS CRIANÇAS PODEM – E PRECISAM – FAZER AS ATIVIDADES PRÓPRIAS DE QUALQUER CRIANÇA. ESTUDAR E BRINCAR SÃO ALGUMAS DESSAS ATIVIDADES.

TEXTO PARA FINS DIDÁTICOS.

CRIANÇA BRINCA EM BALANÇO COM ADAPTAÇÃO PARA CADEIRANTES. MUNICÍPIO DE SÃO PAULO, 2017.

CRIANÇAS CEGAS JOGAM FUTEBOL COM BOLA COM CHOCALHO. CAMBOJA, 2017.

A. QUAIS ADAPTAÇÕES FORAM FEITAS NOS BRINQUEDOS RETRATADOS NAS IMAGENS ACIMA?

B. QUAL É A IMPORTÂNCIA DE BRINQUEDOS QUE POSSIBILITAM A TODAS AS CRIANÇAS SE DIVERTIR?

4 O PROFESSOR VAI ORGANIZAR A CLASSE EM GRUPOS. CADA UM DOS GRUPOS DA TURMA VAI ENCENAR UMA PEÇA DE TEATRO SOBRE A SITUAÇÃO DESCRITA ABAIXO.

- IMAGINEM QUE CHEGOU UM ALUNO NOVO À ESCOLA ONDE VOCÊS ESTUDAM. ELE SE LOCOMOVE COM CADEIRA DE RODAS. COMO VOCÊS FARIAM PARA INCLUIR O NOVO COLEGA NAS ATIVIDADES E NAS BRINCADEIRAS?

CAPÍTULO 3
OS LUGARES QUE FREQUENTO

AS CRIANÇAS BRINCAM EM DIFERENTES LUGARES, COMO NAS MORADIAS, NAS RUAS, NAS PRAÇAS E NOS PARQUES. MAS SERÁ QUE ESSES ESPAÇOS SERVEM APENAS PARA BRINCAR?

OBSERVE A IMAGEM A SEGUIR.

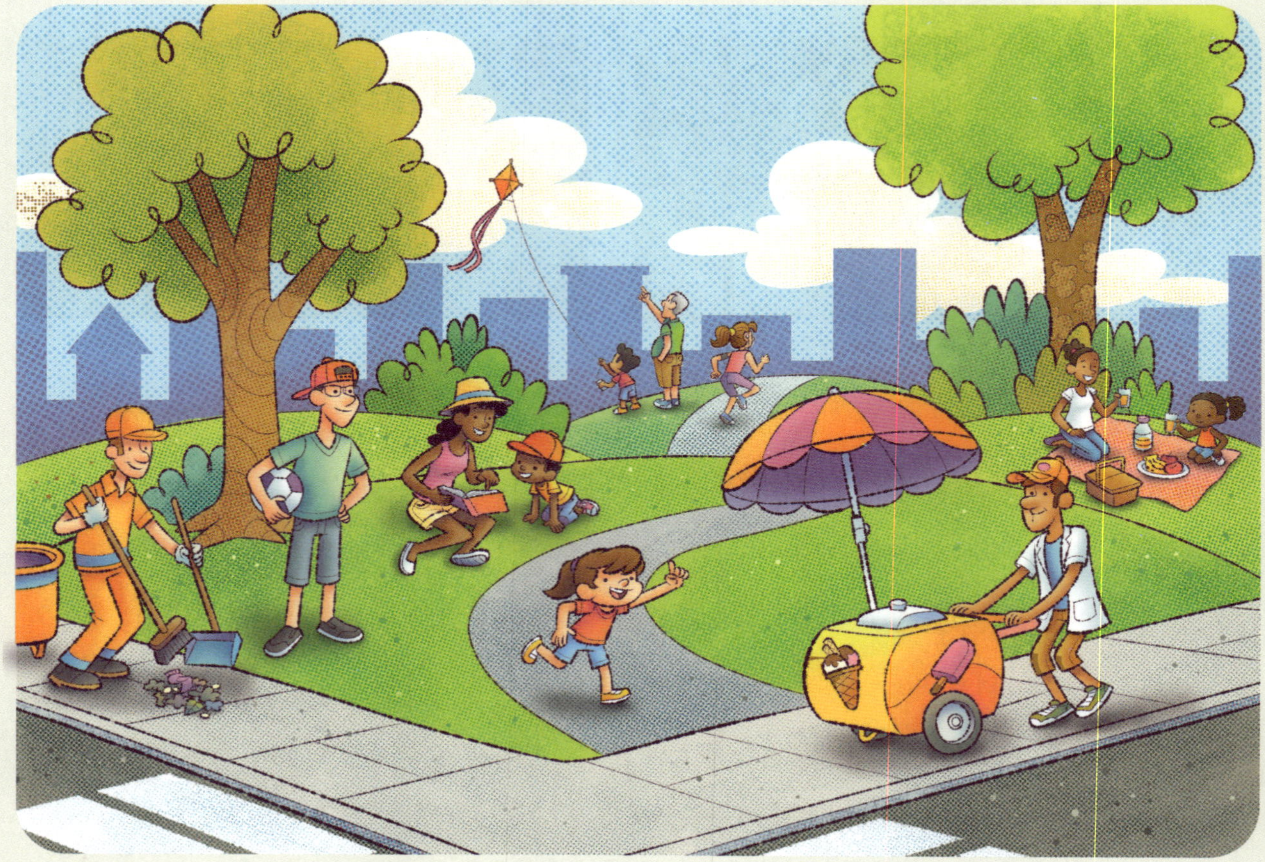

- O QUE A IMAGEM MOSTRA?
- ALÉM DESSAS ATIVIDADES QUE AS PESSOAS ESTÃO REALIZANDO NO PARQUE, O QUE MAIS PODE SER FEITO ALI?
- VOCÊ ACHA IMPORTANTE EXISTIREM ESPAÇOS COMPARTILHADOS PELAS PESSOAS? POR QUÊ?

DIFERENTES LUGARES

NO DIA A DIA, É COMUM AS PESSOAS FREQUENTAREM VÁRIOS LUGARES: ESCOLAS, PARQUES, RESTAURANTES, LOJAS, MERCADOS, ENTRE OUTROS. LUGARES COMO ESSES SÃO CHAMADOS DE **LUGARES DE VIVÊNCIA**, POIS SÃO ESPAÇOS QUE AS PESSOAS UTILIZAM COM FREQUÊNCIA. NELES, REALIZAM-SE DIFERENTES ATIVIDADES.

1 OBSERVE A ILUSTRAÇÃO ABAIXO E, COM A AJUDA DO PROFESSOR, IDENTIFIQUE OS LUGARES QUE APARECEM NELA. DEPOIS, RESPONDA ÀS QUESTÕES.

A. QUAIS LUGARES MOSTRADOS NA IMAGEM ACIMA VOCÊ CONHECE?

B. VOCÊ COSTUMA FREQUENTAR ALGUNS DESSES LUGARES REPRESENTADOS? QUE ATIVIDADES VOCÊ REALIZA NESSES LUGARES?

C. ALÉM DOS LUGARES MOSTRADOS NA IMAGEM, QUE OUTROS VOCÊ FREQUENTA? COM QUEM?

TRINTA E UM 31

REGRAS E BOA CONVIVÊNCIA

AS REGRAS DEFINEM O QUE DEVEMOS OU NÃO FAZER. ELAS SÃO IMPORTANTES PARA A BOA CONVIVÊNCIA ENTRE AS PESSOAS. VEJA AS REGRAS ABAIXO. ELAS MOSTRAM ATITUDES QUE FAVORECEM A BOA CONVIVÊNCIA.

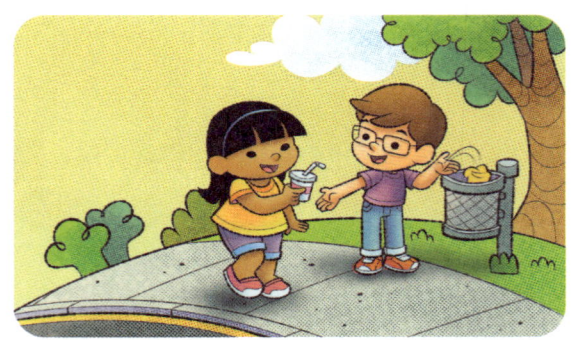

JOGAR O LIXO NO CESTO DE LIXO.

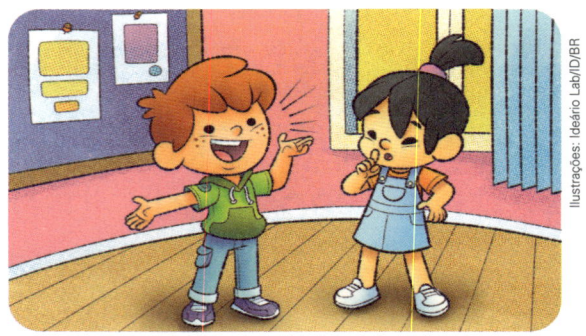

NÃO FALAR ALTO.

Ilustrações: Ideário Lab/ID/BR

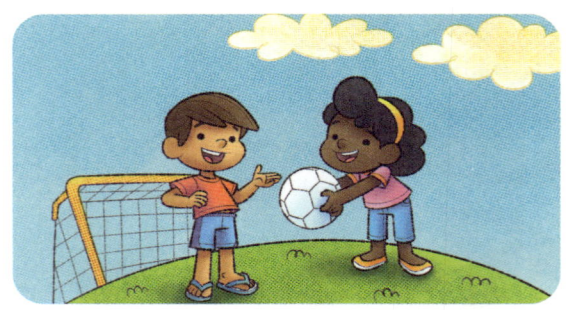

COMPARTILHAR BRINQUEDOS COM OS COLEGAS.

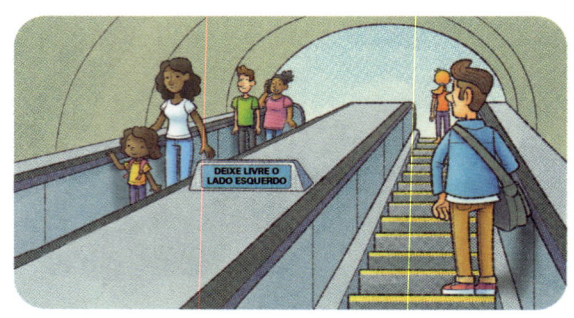

DEIXAR LIVRE O LADO ESQUERDO EM ESCADAS, COMO AS ROLANTES.

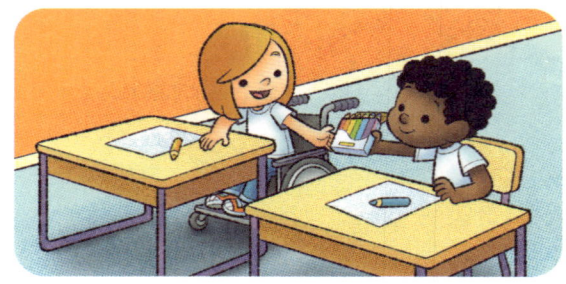

DIZER SEMPRE "POR FAVOR" E "OBRIGADO" QUANDO PRECISAR DE ALGO OU DE ALGUMA AJUDA.

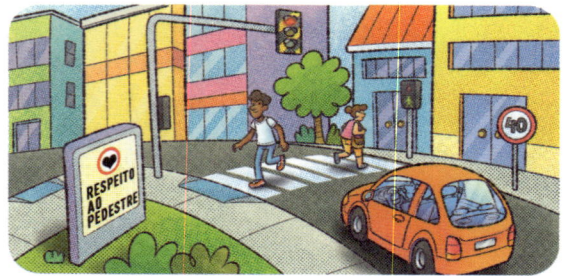

RESPEITAR A FAIXA DE PEDESTRES NA RUA.

1 EM QUAIS LUGARES ESSAS REGRAS DEVEM SER USADAS?

2 EM SUA OPINIÃO, POR QUE ESSAS REGRAS SÃO NECESSÁRIAS NOS LUGARES CITADOS NA RESPOSTA DA QUESTÃO ANTERIOR?

Saber Ser

3 OBSERVE NOVAMENTE AS IMAGENS DA PÁGINA ANTERIOR. DEPOIS, LIGUE CADA REGRA AO SEU OBJETIVO.

REGRAS DE BOA CONVIVÊNCIA	OBJETIVO DAS REGRAS
JOGAR O LIXO NO CESTO DE LIXO.	APRENDER A SER GENEROSO COM OUTRAS PESSOAS.
NÃO FALAR ALTO.	MANTER OS LUGARES LIMPOS.
COMPARTILHAR OS BRINQUEDOS.	PEDIR E AGRADECER QUANDO PRECISAR DE ALGO OU DE ALGUMA AJUDA.
DEIXAR LIVRE O LADO ESQUERDO EM ESCADAS.	NÃO FAZER BARULHO E NÃO ATRAPALHAR OUTRAS PESSOAS.
DIZER "POR FAVOR" E "OBRIGADO".	CUIDAR DA SEGURANÇA DO PEDESTRE NA CIRCULAÇÃO POR RUAS E AVENIDAS.
RESPEITAR O PEDESTRE.	DEIXAR A PASSAGEM LIVRE PARA AS PESSOAS COM MAIS PRESSA.

4 O PROFESSOR VAI ORGANIZAR A CLASSE EM GRUPOS. CONVERSE COM OS COLEGAS: O QUE PODE ACONTECER SE AS REGRAS MOSTRADAS NA PÁGINA ANTERIOR NÃO FOREM RESPEITADAS?

5 PENSE NA ESCOLA ONDE VOCÊ ESTUDA. CITE UMA REGRA DE CONVIVÊNCIA QUE EXISTA NELA. QUAL É A IMPORTÂNCIA DESSA REGRA?

6 AGORA, DESENHE EM UMA FOLHA AVULSA UMA SITUAÇÃO QUE REPRESENTE ESSA REGRA SENDO RESPEITADA NA ESCOLA.

ESPAÇOS DE TODOS

OS **ESPAÇOS PÚBLICOS**, COMO AS RUAS, AS PRAÇAS E OS PARQUES, PERTENCEM A TODAS AS PESSOAS.

NESSES ESPAÇOS, AS PESSOAS REALIZAM DIFERENTES ATIVIDADES. OBSERVE AS FOTOS A SEGUIR.

AS PESSOAS CIRCULAM A PÉ, DE BICICLETA, DE CARRO E DE ÔNIBUS POR RUAS E OUTRAS VIAS. NOVA FRIBURGO, RIO DE JANEIRO, 2014.

RUAS E AVENIDAS TAMBÉM SÃO ESPAÇOS UTILIZADOS PARA PROTESTAR E FAZER EXIGÊNCIAS AOS GOVERNANTES. MUNICÍPIO DE SÃO PAULO, 2017.

AS PESSOAS PROCURAM PARQUES E PRAÇAS PARA REALIZAR ATIVIDADES FÍSICAS E, TAMBÉM, PARA O LAZER E O DESCANSO. BELO HORIZONTE, MINAS GERAIS, 2016.

RIOS, LAGOS E LAGOAS TAMBÉM SÃO LOCAIS DE LAZER ONDE SE REALIZAM ATIVIDADES COMO A PESCA RECREATIVA. MARAÚ, BAHIA, 2014.

OS ESPAÇOS QUE SERVEM A TODOS SÃO TAMBÉM O LOCAL DE TRABALHO DE VÁRIAS PESSOAS. PRAÇA DE GUARAREMA, SÃO PAULO, 2016.

FESTAS TRADICIONAIS E COMEMORAÇÕES TAMBÉM OCORREM EM LOCAIS COMO RUAS, PRAÇAS E PARQUES. MILAGRES, CEARÁ, 2016.

1 NO LUGAR ONDE VOCÊ VIVE, OS ESPAÇOS PÚBLICOS APRESENTAM USOS PARECIDOS AOS MOSTRADOS NAS FOTOS DESTA PÁGINA E DA PÁGINA ANTERIOR? CONVERSE COM OS COLEGAS E O PROFESSOR SOBRE SEMELHANÇAS E DIFERENÇAS DE USOS.

2 AGORA, MARQUE COM UM **X** AS FOTOS QUE MOSTRAM ATIVIDADES IGUAIS OU PARECIDAS COM AS QUE OCORREM NOS ESPAÇOS PÚBLICOS PERTO DA SUA MORADIA.

3 HÁ OUTRAS ATIVIDADES REALIZADAS NO ESPAÇO PÚBLICO, ALÉM DAS MOSTRADAS NAS FOTOS, QUE OCORREM PERTO DA ESCOLA ONDE VOCÊ ESTUDA? QUAIS?

4 AGORA, PENSE EM UM ESPAÇO PÚBLICO QUE VOCÊ FREQUENTA. COMO ELE É? O QUE AS PESSOAS COSTUMAM FAZER NELE? EM UMA FOLHA AVULSA, FAÇA UM DESENHO REPRESENTANDO AS PRINCIPAIS CARACTERÍSTICAS DESSE ESPAÇO.

CUIDANDO DO ESPAÇO DE TODOS

VOCÊ VIU QUE OS ESPAÇOS PÚBLICOS PERTENCEM A TODAS AS PESSOAS. POR ISSO, TODOS DEVEMOS CONTRIBUIR PARA MANTER ESSES ESPAÇOS LIMPOS E SEGUROS.

AS FOTOS ABAIXO MOSTRAM O MESMO LOCAL EM DOIS MOMENTOS DIFERENTES. OBSERVE CADA FOTO COM ATENÇÃO.

A (Google Street View/Google Maps)

B (Carmen Guerreiro/Formiga-me)

NA FOTO **A**, A CALÇADA DA RUA SINIMBU, NO MUNICÍPIO DE SÃO PAULO, ESTAVA SUJA E ABANDONADA. A FOTO **B** MOSTRA A MESMA CALÇADA APÓS AS MELHORIAS FEITAS PELOS MORADORES DESSA RUA. ELES SE REUNIRAM E LIMPARAM O LOCAL, PINTARAM O MURO E COLOCARAM BRINQUEDOS. HOJE, ESSE ESPAÇO REFORMADO SE TORNOU UM LUGAR DE LAZER PARA AS CRIANÇAS DO BAIRRO.

1 AGORA, COMPARE AS DUAS FOTOS E RESPONDA: QUE DIFERENÇAS VOCÊ OBSERVA NA RUA NOS DOIS MOMENTOS?

2 COMO VOCÊ PODE COLABORAR NO CUIDADO DOS LUGARES PÚBLICOS QUE FREQUENTA?

REPRESENTAÇÕES

DENTRO E FORA

NAS IMAGENS ABAIXO, CADA UM DOS CÍRCULOS REPRESENTA UM LUGAR. EM CADA UMA DAS IMAGENS, AS CRIANÇAS ESTÃO DISTRIBUÍDAS DE DIFERENTES MANEIRAS NOS CÍRCULOS. OBSERVE AS IMAGENS.

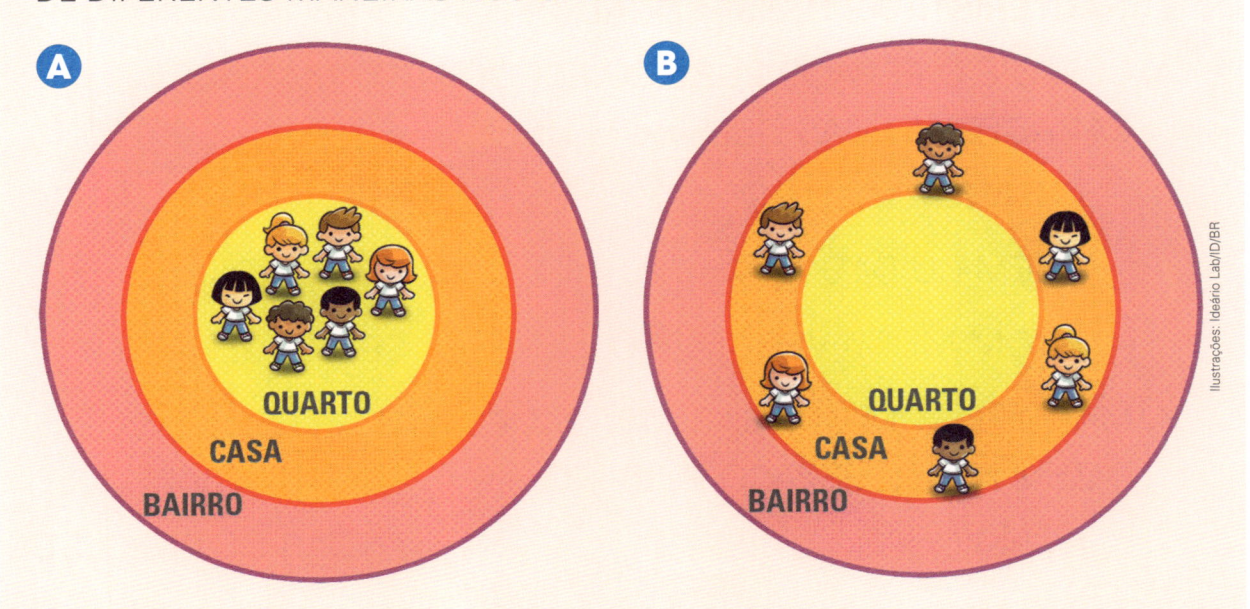

A

QUARTO
CASA
BAIRRO

B

QUARTO
CASA
BAIRRO

1 COMPLETE AS FRASES COM AS PALAVRAS **DENTRO** OU **FORA**.

- NA FIGURA **A**, AS CRIANÇAS ESTÃO _____ DO CIRCULO QUE REPRESENTA O QUARTO.

- NA FIGURA **B**, AS CRIANÇAS ESTÃO _____ DO CÍRCULO QUE REPRESENTA O QUARTO.

2 DESENHE UM PONTO DENTRO DO CÍRCULO DA CASA NA FIGURA **A**.

3 DESENHE UM **X** FORA DO CÍRCULO DO QUARTO E FORA DO CÍRCULO DA CASA NA FIGURA **B**.

4 AGORA, VOCÊS VÃO BRINCAR DE "DENTRO OU FORA". AO COMANDO DO PROFESSOR, VOCÊS DEVERÃO SE DESLOCAR PARA DENTRO OU PARA FORA DO ESPAÇO QUE ELE VAI INDICAR. FIQUEM ATENTOS!

APRENDER SEMPRE

1 A TURMA E O PROFESSOR DEVEM ESCOLHER UM ESPAÇO PÚBLICO PRÓXIMO DA ESCOLA PARA CONHECER. NO DIA AGENDADO, EM COMPANHIA DO PROFESSOR, OBSERVE AS CARACTERÍSTICAS DESSE LOCAL. DEPOIS, RESPONDA:

A. COMO É O ESPAÇO PÚBLICO ESCOLHIDO? MARQUE AS CARACTERÍSTICAS DELE COM UM **X**.

- ☐ TRANQUILO.
- ☐ AGITADO.
- ☐ BEM CUIDADO.
- ☐ MALCUIDADO.
- ☐ COM MUITA VEGETAÇÃO.
- ☐ SEM VEGETAÇÃO.

B. MARQUE COM UM **X** AS ATIVIDADES QUE AS PESSOAS FAZEM NESSE ESPAÇO PÚBLICO.

- ☐ CAMINHAR.
- ☐ ANDAR DE BICICLETA.
- ☐ TRABALHAR.
- ☐ PROTESTAR.
- ☐ PRATICAR ESPORTES.
- ☐ DESCANSAR.

C. VOCÊ ACHA QUE ALGO DEVERIA SER TRANSFORMADO NESSE ESPAÇO? O QUE E POR QUÊ. CONVERSE COM OS COLEGAS. DEPOIS, FAÇA UM DESENHO DESSE ESPAÇO.

2 OBSERVE A IMAGEM ABAIXO E RESPONDA ÀS QUESTÕES.

A. O QUE AS CRIANÇAS ESTÃO FAZENDO?

B. TODOS NÓS DEVEMOS CUIDAR DOS ESPAÇOS PÚBLICOS? POR QUÊ?

3 OBSERVE A IMAGEM A SEGUIR. DEPOIS, FAÇA O QUE SE PEDE.

A. MARQUE COM UM **X** AS QUATRO SITUAÇÕES QUE MOSTRAM ATITUDES QUE ATRAPALHAM O CONVÍVIO DAS PESSOAS NOS ESPAÇO PÚBLICOS.

B. CIRCULE AS CINCO ATIVIDADES QUE AS PESSOAS PODEM FAZER NESSES ESPAÇOS.

CAPÍTULO 4

ONDE EU MORO

TODAS AS PESSOAS PRECISAM DE UM LUGAR PARA MORAR. É NAS MORADIAS QUE AS PESSOAS PARTILHAM ALEGRIAS E DIFICULDADES E CONVIVEM EM DIVERSAS SITUAÇÕES.

AS MORADIAS COSTUMAM TER DIFERENTES ESPAÇOS INTERNOS E PODEM SER FEITAS DE VÁRIOS TIPOS DE MATERIAIS. OBSERVE A IMAGEM.

- VOCÊ RECONHECE OS ESPAÇOS REPRESENTADOS NA IMAGEM DESSA CASA? DIGA QUAIS SÃO ELES.
- QUAIS ATIVIDADES VOCÊ COSTUMA REALIZAR EM SUA MORADIA?
- DO QUE VOCÊ MAIS GOSTA NA SUA MORADIA? POR QUÊ?

MORADIA: LUGAR DE CONVIVÊNCIA

COMO VOCÊ VIU, AS MORADIAS SÃO DIVIDIDAS, GERALMENTE, EM DIFERENTES ESPAÇOS, COMO QUARTO, SALA, COZINHA, BANHEIRO, ENTRE OUTROS. ESSES ESPAÇOS SÃO CHAMADOS DE **CÔMODOS**. NELES, A FAMÍLIA **CONVIVE** E REALIZA VÁRIAS ATIVIDADES.

1 OBSERVE ALGUNS CÔMODOS DE UMA CASA. COM A AJUDA DO PROFESSOR, LIGUE O DESENHO DE CADA CÔMODO AO TEXTO CORRESPONDENTE.

Ilustrações: Vanessa Alexandre/ID/BR

COZINHA: LOCAL ONDE AS PESSOAS PREPARAM E, GERALMENTE, FAZEM AS REFEIÇÕES.

QUARTO: LOCAL ONDE AS PESSOAS DESCANSAM, DORMEM E FAZEM OUTRAS ATIVIDADES QUE NECESSITAM DE SOSSEGO OU DE CONCENTRAÇÃO, COMO ESTUDAR.

SALA: LOCAL ONDE AS PESSOAS SE REÚNEM PARA CONVERSAR, ASSISTIR À TELEVISÃO OU FAZER OUTRAS ATIVIDADES SOZINHAS OU EM GRUPO.

2 DESENHE UM ESPAÇO DA MORADIA EM QUE VOCÊ VIVE. REPRESENTE NO DESENHO OS OBJETOS QUE EXISTEM NESSE ESPAÇO, POR EXEMPLO, MÓVEIS E BRINQUEDOS.

- AGORA, MOSTRE SEU DESENHO AOS COLEGAS E AO PROFESSOR E CONVERSE SOBRE AS ATIVIDADES QUE VOCÊ REALIZA NELE.

MORADIAS SEM CÔMODOS

NEM TODAS AS MORADIAS SÃO ORGANIZADAS EM CÔMODOS. ALGUNS GRUPOS **INDÍGENAS**, POR EXEMPLO OS **YANOMAMI** E OS **KALAPALO**, VIVEM EM MORADIAS SEM DIVISÕES INTERNAS.

NESSAS MORADIAS, ATIVIDADES COMO PREPARAR O ALIMENTO, BRINCAR, DESCANSAR E DORMIR SÃO TODAS REALIZADAS EM UM ÚNICO ESPAÇO. OBSERVE AS FOTOS ABAIXO.

INDÍGENAS: POVOS QUE HABITAM OS TERRITÓRIOS ONDE VIVEM HÁ MUITO TEMPO.

NAS MORADIAS YANOMAMI, VÁRIAS ATIVIDADES SÃO FEITAS NO MESMO ESPAÇO. FOTO DE HABITAÇÃO YANOMAMI EM BARCELOS, AMAZONAS, 2010.

OS KALAPALO SÃO OUTRO GRUPO INDÍGENA QUE CONSTRÓI SUAS MORADIAS SEM DIVISÃO DE CÔMODOS. FOTO DE MORADIA DOS KALAPALO NO PARQUE INDÍGENA DO XINGU, EM QUERÊNCIA, MATO GROSSO. FOTO DE 2012.

1 O PROFESSOR VAI ORGANIZAR A SALA EM GRUPOS. CONVERSE COM OS COLEGAS DE SEU GRUPO SOBRE QUAIS PODEM SER AS VANTAGENS E AS DESVANTAGENS DE SE VIVER EM UMA MORADIA COM VÁRIOS CÔMODOS E EM UMA MORADIA SEM CÔMODOS.

MATERIAIS USADOS NAS CONSTRUÇÕES

AS MORADIAS PODEM SER CONSTRUÍDAS COM DIFERENTES TIPOS DE MATERIAIS. OBSERVE AS FOTOS A SEGUIR.

MUITAS MORADIAS SÃO CONSTRUÍDAS COM MATERIAIS COMO TIJOLOS E TELHAS DE BARRO, PEDRAS E AREIA. TAMBÉM É COMUM USAR FERRO E MADEIRA NA ESTRUTURA. NA FOTO, MORADIAS EM CONSTRUÇÃO EM PIRAQUARA, PARANÁ, 2012.

AS MORADIAS DOS POVOS INDÍGENAS HUNI KUIN SÃO CONSTRUÍDAS COM MADEIRA DE DIFERENTES ÁRVORES, COMO AGUANO, CEDRO, JITÓ, MULATEIRO, PAU-PEREIRA E PAXIÚBA. A COBERTURA É FEITA DE PALHA DE JARINA E OURICURI, TIPOS DE PALMEIRAS ENCONTRADAS NA AMAZÔNIA. FOTO DE HABITAÇÃO HUNI KUIN EM JORDÃO, ACRE, 2016.

MORADIA CONSTRUÍDA COM PAREDES DE MADEIRA EM GUATAMBÚ, SANTA CATARINA. FOTO DE 2015.

1 SUA MORADIA É FEITA DE QUAIS MATERIAIS? PARA SABER, OBSERVE ATENTAMENTE SUA MORADIA E PERGUNTE A UM ADULTO QUE MORE COM VOCÊ. DEPOIS, EM SALA DE AULA, COMPARTILHE O QUE VOCÊ DESCOBRIU COM O PROFESSOR E A TURMA.

2 DESENHE COMO É SUA CASA POR FORA. TENTE REPRESENTAR OS PRINCIPAIS MATERIAIS DE QUE ELA É FEITA.

3 ACOMPANHE A HISTÓRIA "OS TRÊS PORQUINHOS" QUE O PROFESSOR VAI LER PARA A TURMA.

ERA UMA VEZ TRÊS PORQUINHOS QUE SAÍRAM DA CASA DE SUA MÃE. CADA UM CONSTRUIRIA A SUA PRÓPRIA CASA. [...]

O PRIMEIRO PORQUINHO CONSTRUIU A SUA CASA COM PALHA. LOGO FICOU PRONTA E FOI DORMIR.

CHEGOU UM LOBO QUE QUERIA COMER O PORQUINHO E DISSE:

– ABRA A PORTA OU DERRUBAREI ESTA CASA COM UM SOPRO SÓ!

O PORQUINHO NÃO ABRIU. O LOBO SOPROU E DERRUBOU A CASA. O PORQUINHO FUGIU.

O SEGUNDO PORQUINHO FEZ A SUA CASA COM GALHOS DE ÁRVORE. LOGO FICOU PRONTA E ELE FOI DORMIR.

OUTRA VEZ O LOBO:

– PORQUINHO, ABRA A PORTA OU VOU ASSOPRAR E DERRUBAR TUDO. O PORQUINHO NÃO ABRIU, O LOBO ASSOPROU E DERRUBOU A CASA.

[...]

O TERCEIRO PORQUINHO CONSTRUIU A SUA CASA COM TIJOLOS. PARA LÁ, FORAM OS SEUS IRMÃOS E O LOBO TAMBÉM.

MAS, DESTA VEZ, O LOBO SOPROU ATÉ CANSAR E NÃO DERRUBOU A CASA.

[...]

CRISTINA MARQUES E ROBERTO BELLI. OS TRÊS PORQUINHOS. EM: *AS MAIS BELAS HISTÓRIAS DE BOA NOITE*. BLUMENAU: TODOLIVRO, 2012. S. P.

■ LIGUE O TIPO DE CASA AO PORQUINHO CORRESPONDENTE.

CASA DE TIJOLO   PRIMEIRO PORQUINHO
CASA DE PALHA   SEGUNDO PORQUINHO
CASA DE MADEIRA   TERCEIRO PORQUINHO

REPRESENTAÇÕES

ESCOLHENDO CAMINHOS

NA PÁGINA ANTERIOR, VOCÊ CONHECEU A HISTÓRIA DOS TRÊS PORQUINHOS.

NA IMAGEM ABAIXO, VOCÊ PODE OBSERVAR OS DOIS PRIMEIROS PORQUINHOS FUGINDO DO LOBO DEPOIS QUE ELE DESTRUIU SUAS CASAS. PARA CHEGAR ATÉ A CASA DE TIJOLOS DO IRMÃO, ELES TÊM TRÊS OPÇÕES DE CAMINHO: FUGIR SEGUINDO EM FRENTE, FUGIR VIRANDO À ESQUERDA OU FUGIR VIRANDO À DIREITA. CADA UM DOS CAMINHOS TEM DISTÂNCIAS DIFERENTES ATÉ A CASA DO TERCEIRO PORQUINHO.

1 AJUDE OS DOIS PORQUINHOS A CHEGAR O MAIS RÁPIDO POSSÍVEL ATÉ A CASA DO IRMÃO. PARA ISSO, TRACE COM UM LÁPIS O CAMINHO MAIS CURTO ENTRE OS PORQUINHOS E A CASA DE TIJOLOS NA IMAGEM ACIMA.

2 IMAGINE QUE OS PORQUINHOS TIVESSEM OUTRA OPÇÃO DE CAMINHO PARA CHEGAR ATÉ A CASA DO IRMÃO. EM UMA FOLHA AVULSA, DESENHE ESSE CAMINHO REPRESENTANDO DETALHES DO ENTORNO.

ALGUNS OBJETOS DAS MORADIAS

NAS MORADIAS EXISTEM DIVERSOS OBJETOS QUE SERVEM PARA O CONFORTO DAS PESSOAS E FACILITAM AS TAREFAS DO DIA A DIA. ESSES OBJETOS SÃO FEITOS DE MATERIAIS VARIADOS, COMO METAL, PLÁSTICO E MADEIRA.

CONHEÇA ALGUNS EXEMPLOS.

IMAGENS SEM PROPORÇÃO DE TAMANHO ENTRE SI

CAMA: É COMUM A PARTE EM QUE SE ENCAIXA O COLCHÃO SER DE MADEIRA. OS COLCHÕES PODEM SER FEITOS DE ALGODÃO OU DE OUTROS MATERIAIS.

PANELA: EM GERAL, É FEITA DE METAL. MAS EXISTEM PANELAS DE VIDRO, DE BARRO E DE CERÂMICA.

COPO: GERALMENTE, É FEITO DE VIDRO. HÁ TAMBÉM COPOS DE PLÁSTICO, DE BARRO E DE METAL.

GELADEIRA E FOGÃO: ESSES ELETRODOMÉSTICOS SÃO FEITOS DE VÁRIOS MATERIAIS, COMO METAL E PLÁSTICO.

POTES DIVERSOS: COSTUMAM SER FEITOS DE PLÁSTICO OU DE VIDRO.

1 O PROFESSOR VAI DIVIDIR A SALA EM PEQUENOS GRUPOS. PENSE EM TRÊS OBJETOS QUE EXISTEM EM SUA MORADIA. DE QUE MATERIAIS ELES SÃO FEITOS? CONTE AOS COLEGAS EM QUAIS OBJETOS VOCÊ PENSOU E DE QUE MATERIAIS ELES SÃO FEITOS.

REPRESENTAÇÕES

EM CIMA, EMBAIXO

PODEMOS ORGANIZAR OS OBJETOS EM CASA DE DIVERSAS MANEIRAS. PODEMOS COLOCÁ-LOS EM GAVETAS, EM ESTANTES OU EM CAIXAS, POR EXEMPLO. PODEMOS TAMBÉM FIXAR OBJETOS NAS PAREDES, ORGANIZÁ-LOS **EM CIMA** DE UMA SUPERFÍCIE OU **EMBAIXO** DE ALGUM MÓVEL.

OBSERVE O QUARTO REPRESENTADO ABAIXO. PERCEBA COMO OS OBJETOS ESTÃO DISTRIBUÍDOS DE DIFERENTES MANEIRAS NESSE CÔMODO.

1 AGORA, COMPLETE AS FRASES COM AS PALAVRAS **EM CIMA** OU **EMBAIXO**.

A. O COMPUTADOR ESTÁ _____ DA ESCRIVANINHA.

B. A BOLA ESTÁ _____ DA CAMA.

C. OS PATINS ESTÃO _____ DA ESTANTE.

APRENDER SEMPRE

1 O QUE VOCÊ E SUA FAMÍLIA FAZEM, GERALMENTE, EM CADA UM DESTES CÔMODOS DA MORADIA?

A. COZINHA.

B. SALA.

C. QUARTO.

D. BANHEIRO.

2 QUEM SÃO AS PESSOAS QUE MORAM COM VOCÊ, NA MESMA MORADIA? CONTE AOS COLEGAS.

3 LIGUE OS OBJETOS AOS CÔMODOS A QUE PERTENCEM.

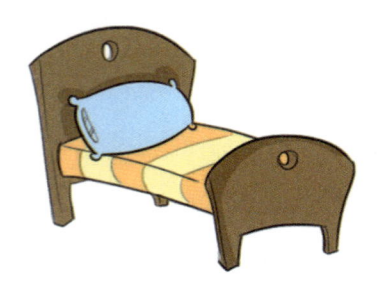

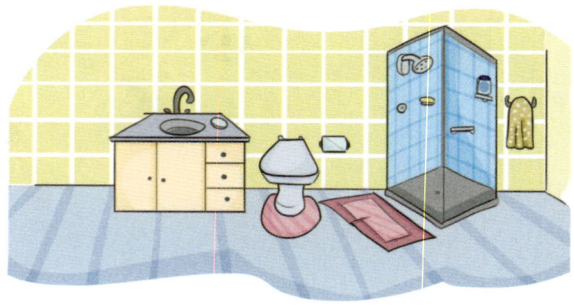

Vanessa Alexandre/ID/BR

50 CINQUENTA

4 JOÃO, PEDRO, BIANCA E CARLA MORAM EM UM PRÉDIO DE APARTAMENTOS. OBSERVE A IMAGEM E FAÇA O QUE SE PEDE.

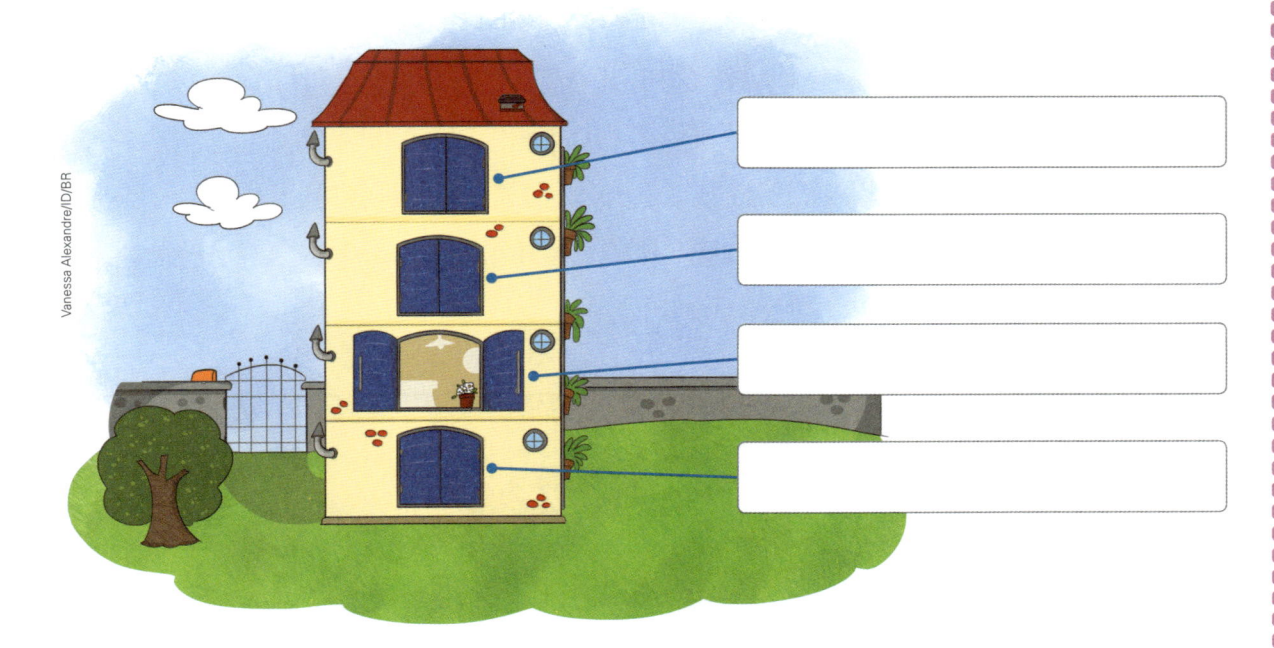

A. O PROFESSOR VAI LER AS FRASES A SEGUIR. ACOMPANHE A LEITURA E DESCUBRA O APARTAMENTO DE CADA CRIANÇA.

A JANELA DO APARTAMENTO DE PEDRO ESTÁ ABERTA.

BIANCA MORA **EM CIMA** DO APARTAMENTO DE PEDRO.

JOÃO MORA **EMBAIXO** DO APARTAMENTO DE PEDRO.

CARLA MORA **EM CIMA** DO APARTAMENTO DE BIANCA.

- COM A AJUDA DO PROFESSOR, ESCREVA O NOME DE CADA MORADOR NOS QUADROS AO LADO DOS APARTAMENTOS.

B. EM UM PRÉDIO DE APARTAMENTOS VIVEM MUITAS PESSOAS. COMO DEVE SER A CONVIVÊNCIA EM UM LOCAL ONDE VIVEM MUITAS PESSOAS PRÓXIMAS UMAS DAS OUTRAS?

CINQUENTA E UM **51**

CAPÍTULO 5

MINHA ESCOLA

A ESCOLA É UM LUGAR ONDE VOCÊ PASSA UMA PARTE DO DIA. NELA, VOCÊ FAZ DIVERSAS ATIVIDADES EM DIFERENTES ESPAÇOS E MOMENTOS E CONVIVE COM MUITAS PESSOAS. OBSERVE A IMAGEM A SEGUIR.

- QUE ATIVIDADES AS CRIANÇAS ESTÃO REALIZANDO NAS IMAGENS ACIMA? VOCÊ REALIZA ESSAS MESMAS ATIVIDADES NA ESCOLA?

- QUE OUTRAS ATIVIDADES VOCÊ REALIZA NA ESCOLA?

- ALÉM DOS COLEGAS, QUEM SÃO AS OUTRAS PESSOAS COM AS QUAIS VOCÊ CONVIVE NA ESCOLA? O QUE ELAS FAZEM?

O CAMINHO DE CASA PARA A ESCOLA

PARA IR DE UM LUGAR A OUTRO, PERCORREMOS UM CAMINHO. VOCÊ CONHECE O CAMINHO DE SUA CASA ATÉ A ESCOLA? O QUE VOCÊ OBSERVA NESSE CAMINHO?

1 OBSERVE A REPRESENTAÇÃO ABAIXO E ACOMPANHE A LEITURA DO PROFESSOR.

> JÚLIA MORA NA CASA BRANCA EM FRENTE À PRAÇA. TODAS AS MANHÃS, ELA VAI A PÉ PARA A ESCOLA, PELA RUA EM QUE MORA.

A. TRACE DE **AZUL** NO MAPA O CAMINHO MAIS CURTO FEITO POR JÚLIA DA CASA DELA ATÉ A ESCOLA.

B. PARA CHEGAR À ENTRADA DA ESCOLA, APÓS CAMINHAR PELA RUA EM QUE MORA, PARA QUAL LADO JÚLIA DEVE VIRAR AO CHEGAR NA RUA ONDE FICA A ESCOLA?

☐ LADO DIREITO.   ☐ LADO ESQUERDO.

CONVIVÊNCIA NA ESCOLA

OS COLEGAS DE CLASSE E O PROFESSOR SÃO ALGUMAS DAS PESSOAS COM QUEM VOCÊ CONVIVE NA ESCOLA. ALÉM DELES, VOCÊ CONVIVE COM VÁRIOS PROFISSIONAIS, RESPONSÁVEIS POR DIVERSAS ATIVIDADES NA ESCOLA.

1 LIGUE O PROFISSIONAL À ATIVIDADE QUE ELE FAZ NA ESCOLA.

- FAXINEIRO
- BIBLIOTECÁRIO
- MERENDEIRA
- PROFESSORA

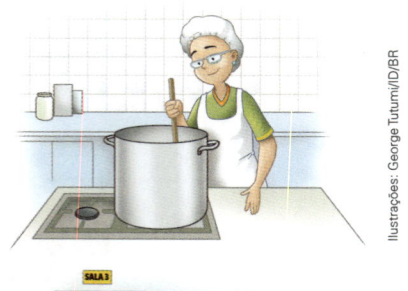

2 VOCÊ CONHECE OUTROS TIPOS DE PROFISSIONAIS NA ESCOLA ONDE VOCÊ ESTUDA? QUAIS?

3 QUAL É A IMPORTÂNCIA DESSES PROFISSIONAIS PARA O DIA A DIA DA ESCOLA?

ATIVIDADES REALIZADAS NA ESCOLA

NA ESCOLA, EXISTEM VÁRIOS ESPAÇOS PARA A REALIZAÇÃO DE DIFERENTES ATIVIDADES. NA SALA DE AULA, POR EXEMPLO, SE ESTUDA, E NA QUADRA, SE PRATICAM ESPORTES.

1 OBSERVE A IMAGEM ABAIXO.

A. QUAIS ESPAÇOS FORAM REPRESENTADOS ACIMA?

- ☐ CANTINA
- ☐ BANHEIRO
- ☐ BIBLIOTECA
- ☐ QUADRA DE ESPORTES
- ☐ SALA DE AULA
- ☐ LABORATÓRIO

B. QUAIS DAS ATIVIDADES REPRESENTADAS VOCÊ TAMBÉM REALIZA NA ESCOLA ONDE VOCÊ ESTUDA?

C. PINTE OS QUADRADINHOS QUE INDICAM OUTRAS ATIVIDADES QUE VOCÊ REALIZA NA ESCOLA.

| ESCREVER | DESENHAR | PINTAR |
| DANÇAR | DORMIR | BRINCAR |

CINQUENTA E CINCO **55**

REPRESENTAÇÕES

FRENTE E ATRÁS

BRINCAR É UMA DAS ATIVIDADES REALIZADAS NA ESCOLA. VOCÊ JÁ BRINCOU DE "PASSA-PASSA A BOLA AÉREA" COM A SUA TURMA? PARA REALIZAR ESSA BRINCADEIRA, AS CRIANÇAS FICAM SENTADAS, UMA ATRÁS DA OUTRA, EM FILA.

A PRIMEIRA CRIANÇA, NA **FRENTE** DA FILA, PASSA A BOLA PARA QUEM ESTÁ **ATRÁS** DELA, POR CIMA DA CABEÇA. A BOLA SEGUE ATÉ A ÚLTIMA CRIANÇA DA FILA. GANHA A FILA QUE CONSEGUIR LEVAR A BOLA MAIS RÁPIDO ATÉ O FIM DA FILA.

1 OBSERVE ESTA REPRESENTAÇÃO DA BRINCADEIRA.

ALINE   FERNANDO   ROBERTO   LUÍSA   LUCIANO   JOÃO   MARIA

MARCELO   ÉRICA   MARINA   LUCAS   ROSE   LUANA   PEDRO

Ilustrações: George Tutumi/ID/BR

- AGORA, MARQUE COM UM **X** AS FRASES CORRETAS.
  - ☐ PEDRO ESTÁ NA **FRENTE** DE LUANA.
  - ☐ LUCAS ESTÁ **ATRÁS** DE MARINA.
  - ☐ FERNANDO ESTÁ NA **FRENTE** DE ALINE.
  - ☐ LUÍSA ESTÁ **ATRÁS** DE LUCIANO.
  - ☐ JOÃO ESTÁ NA **FRENTE** DE MARIA.
  - ☐ LUCAS ESTÁ **ATRÁS** DE ROSE.

CUIDANDO DA ESCOLA

MUITAS PESSOAS FREQUENTAM A ESCOLA: ALUNOS, PROFESSORES, FAMILIARES DOS ALUNOS E FUNCIONÁRIOS. PARA MANTER A ESCOLA LIMPA, ORGANIZADA E CONFORTÁVEL, É IMPORTANTE QUE TODOS TOMEM ALGUNS CUIDADOS.

1 OBSERVE A IMAGEM ABAIXO.

- CIRCULE NA IMAGEM AS ATITUDES QUE, EM SUA OPINIÃO, NÃO CONTRIBUEM PARA MANTER A ESCOLA LIMPA, ORGANIZADA E BEM CUIDADA.

2 O QUE VOCÊ FAZ PARA AJUDAR A MANTER A SUA ESCOLA LIMPA, ORGANIZADA E BEM CUIDADA?

A SUA TURMA

OS ALUNOS DE UMA ESCOLA SÃO ORGANIZADOS EM ANOS. POR EXEMPLO, VOCÊ E SUA TURMA ESTÃO NO PRIMEIRO ANO.

1 QUANTOS ALUNOS HÁ NA SUA TURMA?

2 AGORA, FAÇA UM DESENHO QUE MOSTRE VOCÊ E ALGUNS COLEGAS DE TURMA REALIZANDO UMA ATIVIDADE NA ESCOLA.

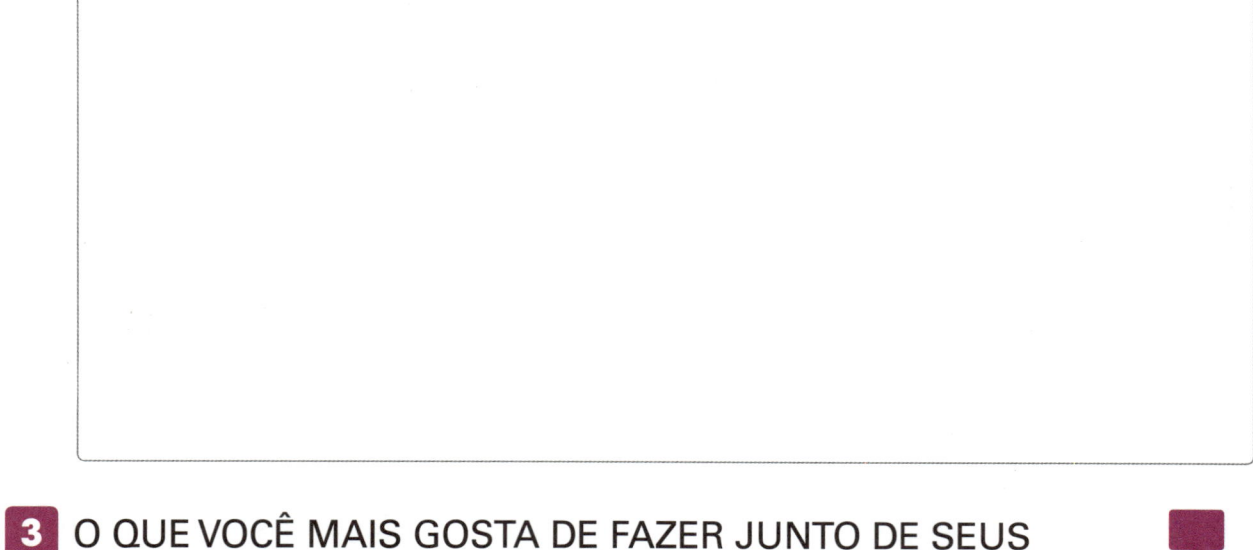

3 O QUE VOCÊ MAIS GOSTA DE FAZER JUNTO DE SEUS COLEGAS DE TURMA?

4 EM UMA FOLHA AVULSA, DESENHE SEU ROSTO. FIQUE ATENTO AOS SEGUINTES DETALHES:

- A COR E O FORMATO DOS OLHOS;
- A COR E O COMPRIMENTO DOS CABELOS;
- ACESSÓRIOS QUE ESTEJA USANDO.

COM A AJUDA DO PROFESSOR, ESCREVA NA FOLHA SEU NOME E O QUE VOCÊ MAIS GOSTA DE FAZER COM A TURMA.

CONVIVÊNCIA NA SALA DE AULA

PARA UMA BOA CONVIVÊNCIA NA SALA DE AULA, TODOS PRECISAM RESPEITAR AS REGRAS E OS COMBINADOS DEFINIDOS PELA TURMA.

ESCUTAR COM ATENÇÃO O PROFESSOR, LEVANTAR A MÃO QUANDO QUISER FALAR, RESPEITAR O PROFESSOR E OS COLEGAS SÃO EXEMPLOS DE ATITUDES QUE FAVORECEM A BOA CONVIVÊNCIA.

1 OBSERVE A IMAGEM ABAIXO.

A. QUAIS SITUAÇÕES NESSA IMAGEM FAVORECEM A BOA CONVIVÊNCIA NA SALA DE AULA?

B. QUAIS ATITUDES ATRAPALHAM A BOA CONVIVÊNCIA DA TURMA?

C. EM SUA OPINIÃO, POR QUE É IMPORTANTE TER ATITUDES QUE FAVORECEM A BOA CONVIVÊNCIA EM SALA DE AULA?

APRENDER SEMPRE

1 DESENHE, NO ESPAÇO ABAIXO, O CAMINHO QUE VOCÊ FAZ DE CASA ATÉ A ESCOLA. REPRESENTE TAMBÉM OS ELEMENTOS QUE MAIS CHAMAM SUA ATENÇÃO NESSE TRAJETO.

- MOSTRE SEU DESENHO AOS COLEGAS E VEJA O DELES. HÁ ELEMENTOS SEMELHANTES NOS DESENHOS? QUAIS?

2 ACOMPANHE A LEITURA DA TIRA ABAIXO. DEPOIS, CONVERSE COM UM COLEGA PARA RESPONDER À QUESTÃO.

BOM DIA! | COM LICENÇA! | DESCULPE! | POR FAVOR! | MUITO OBRIGADO! | DE NADA! | BOA NOITE!

ALEX BECK. *ARMANDINHO OITO*. SÃO PAULO: MATRIX, 2016. P. 76.

- VOCÊ USA AS EXPRESSÕES MOSTRADAS NA TIRA COM FREQUÊNCIA? DÊ EXEMPLOS DE SITUAÇÕES EM QUE VOCÊ USA ESSAS EXPRESSÕES NA ESCOLA.

3 OBSERVE A IMAGEM ABAIXO E, DEPOIS, FAÇA O QUE SE PEDE.

ALUNOS COLANDO CARTAZES COM REGRAS A SEREM SEGUIDAS POR TODOS, EM ESCOLA DO MUNICÍPIO DE SÃO PAULO. FOTO DE 2017.

A. QUAIS MENSAGENS FORAM ESCRITAS NOS CARTAZES MOSTRADOS NA FOTO?

B. NA ESCOLA ONDE VOCÊ ESTUDA, EXISTEM REGRAS COMO ESSAS? EXPLIQUE.

C. AGORA, VOCÊ E OS COLEGAS VÃO FAZER UM MURAL COM REGRAS DEFINIDAS PELA TURMA. SIGAM OS PASSOS ABAIXO.

- CITEM ATITUDES QUE FAVORECEM E QUE ATRAPALHAM A BOA CONVIVÊNCIA NA ESCOLA. O PROFESSOR VAI LISTAR ESSAS ATITUDES NA LOUSA.
- EM SEGUIDA, MONTEM UM MURAL NA SALA DE AULA, DIVIDIDO EM DUAS PARTES: "ATITUDES QUE DEVEMOS SEGUIR" E "ATITUDES QUE DEVEMOS EVITAR".
- DEPOIS, COPIEM AS ATITUDES LISTADAS NA LOUSA EM CARTÕES QUE O PROFESSOR VAI DISTRIBUIR.
- COLEM OS CARTÕES NO MURAL.

SESSENTA E UM **61**

CAPÍTULO 6
O TRABALHO NO DIA A DIA

NO CAPÍTULO ANTERIOR, VOCÊ VIU QUE NA ESCOLA TRABALHAM DIVERSOS PROFISSIONAIS IMPORTANTES PARA O BOM FUNCIONAMENTO DELA.

AGORA, VAMOS FALAR DE OUTROS PROFISSIONAIS QUE ESTÃO PRESENTES EM NOSSO DIA A DIA. OBSERVE A IMAGEM.

- VOCÊ CONHECE OS PROFISSIONAIS REPRESENTADOS NESSA IMAGEM? QUAIS TRABALHOS ELES REALIZAM? ALÉM DESSES, QUAIS OUTROS PROFISSIONAIS VOCÊ CONHECE?

- EM SUA OPINIÃO, O TRABALHO DE TODAS ESSAS PESSOAS É IMPORTANTE? POR QUÊ?

O TRABALHO DAS PESSOAS

CADA TIPO DE TRABALHO CONTRIBUI PARA A ORGANIZAÇÃO DA VIDA EM GRUPO.

COM O TRABALHO, OS ADULTOS TAMBÉM PODEM OBTER RECURSOS PARA COMPRAR ALIMENTOS, ROUPAS E OUTROS BENS PARA A FAMÍLIA.

1 VOCÊ SABE QUAIS SÃO AS PROFISSÕES DE SEUS PAIS OU RESPONSÁVEIS?

- PERGUNTE O QUE ELES FAZEM NO TRABALHO. DEPOIS, FAÇA UM DESENHO NO ESPAÇO ABAIXO REPRESENTANDO AS PROFISSÕES DELES.

2 POR QUE O TRABALHO EXERCIDO POR SEU FAMILIAR OU RESPONSÁVEL É IMPORTANTE? CONVERSE COM OS COLEGAS E O PROFESSOR.

SESSENTA E TRÊS 63

OS PRODUTOS DO TRABALHO

TODOS OS DIAS, É COMUM AS PESSOAS FAZEREM REFEIÇÕES COMO O CAFÉ DA MANHÃ, O ALMOÇO E O JANTAR.

A IMAGEM A SEGUIR REPRESENTA UMA FAMÍLIA REUNIDA NO CAFÉ DA MANHÃ. OBSERVE OS VÁRIOS ALIMENTOS QUE AS PESSOAS DESSA FAMÍLIA CONSOMEM.

1 OBSERVE NOVAMENTE A IMAGEM ACIMA. VOCÊ ACHA QUE ALGUM DESSES ALIMENTOS NÃO FOI PRODUZIDO PELO TRABALHO DE ALGUÉM? CONVERSE COM UM COLEGA.

COMO VOCÊ VIU NA PÁGINA ANTERIOR, AS PESSOAS CONSOMEM ALIMENTOS COMO **LEITE** E **PÃO**. VOCÊ SABE DIZER COMO ESSES PRODUTOS SÃO OBTIDOS? SABE QUEM SÃO OS PROFISSIONAIS QUE TRABALHAM PARA QUE ELES CHEGUEM ATÉ A MESA DAS PESSOAS? OBSERVE AS FOTOS A SEGUIR. O PROFESSOR VAI LER OS TEXTOS QUE ACOMPANHAM AS FOTOS.

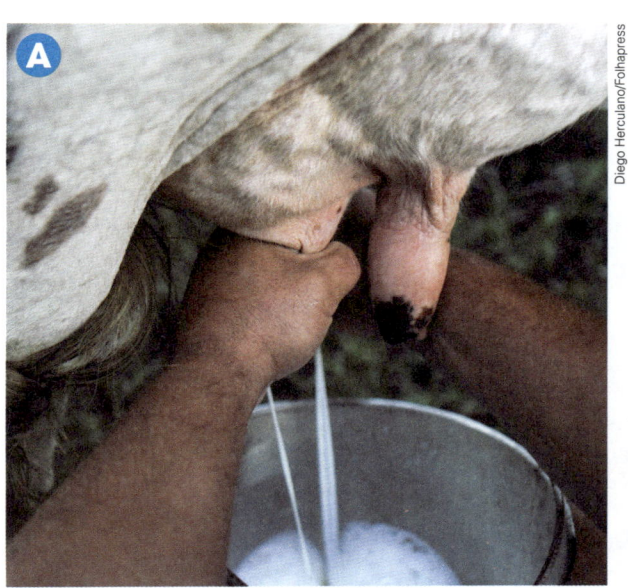

O **LEITE** É OBTIDO PELO TRABALHO DE UM ORDENHADOR. É ELE QUEM RETIRA LEITE DAS VACAS OU DE OUTROS ANIMAIS. DEPOIS, O LEITE PODE SER ENGARRAFADO EM FÁBRICAS, ONDE TRABALHAM VÁRIOS PROFISSIONAIS. FOTO **A**: ORDENHA DE VACA EM BREJÃO, PERNAMBUCO, 2016. FOTO **B**: ENGARRAFAMENTO DE LEITE EM TOLEDO, PARANÁ, 2017.

OS **PÃES** SÃO PRODUZIDOS COM FARINHA DE TRIGO OU DE OUTROS VEGETAIS. O TRIGO É UMA PLANTA CULTIVADA NO CAMPO POR VÁRIOS TRABALHADORES. DEPOIS DE COLHIDO, O TRIGO É TRANSFORMADO EM FARINHA NAS INDÚSTRIAS. OS PADEIROS USAM A FARINHA PARA FAZER O PÃO. FOTO **C**: COLHEITA NA CROÁCIA, 2016. FOTO **D**: EMBALAGENS DE FARINHA DE TRIGO EM SERTANÓPOLIS, PARANÁ, 2014. FOTO **E**: PREPARAÇÃO DE PÃES NO MUNICÍPIO DE SÃO PAULO, 2017.

COMO OS ALIMENTOS CHEGAM ATÉ NÓS

OS ALIMENTOS PERCORREM UM LONGO CAMINHO ATÉ CHEGAR AOS CONSUMIDORES. MUITOS DELES SÃO PRODUZIDOS NO CAMPO, ESPAÇO FORA DA CIDADE. OUTROS SÃO PRODUZIDOS EM FÁBRICAS COM A AJUDA DE MÁQUINAS. EM GERAL, AS INDÚSTRIAS FICAM NAS CIDADES.

OBSERVE A IMAGEM ABAIXO. ACOMPANHE A LEITURA DO PROFESSOR.

OS PRODUTOS TRANSFORMADOS NAS INDÚSTRIAS SÃO LEVADOS PARA OS SUPERMERCADOS E PARA OUTROS LOCAIS DE VENDA.

ALGUNS ALIMENTOS PRODUZIDOS NO CAMPO VÃO PARA AS INDÚSTRIAS, ONDE SÃO TRANSFORMADOS EM OUTROS PRODUTOS. O LEITE É TRANSFORMADO EM QUEIJO, POR EXEMPLO.

HÁ ALIMENTOS PRODUZIDOS NO CAMPO QUE NÃO PASSAM POR TRANSFORMAÇÃO NAS INDÚSTRIAS E VÃO DIRETAMENTE PARA OS LOCAIS ONDE SÃO VENDIDOS, COMO AS FEIRAS LIVRES E OS SUPERMERCADOS.

1 VOCÊ SABE QUAIS SÃO OS PROFISSIONAIS QUE PRODUZEM ALIMENTOS COMO FRUTAS E VERDURAS? E QUEM TRANSPORTA OS ALIMENTOS ATÉ OS CONSUMIDORES? CONVERSE COM OS COLEGAS.

OUTROS PROFISSIONAIS

VOCÊ JÁ APRENDEU SOBRE AS ATIVIDADES REALIZADAS POR DIFERENTES PROFISSIONAIS. AGORA, CONHEÇA MAIS ALGUNS PROFISSIONAIS RETRATADOS NAS FOTOS A SEGUIR.

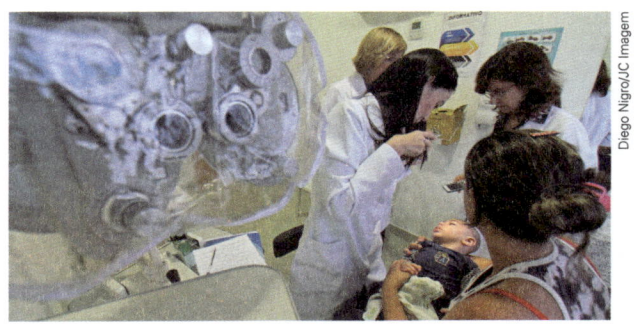

MÉDICOS CUIDAM DA SAÚDE DAS PESSOAS. RECIFE, PERNAMBUCO. FOTO DE 2016.

PEDREIROS TRABALHAM EM OBRAS. CABROBÓ, PERNAMBUCO. FOTO DE 2016.

MOTORISTA DE ÔNIBUS TRANSPORTA PESSOAS. CAMBARÁ DO SUL, RIO GRANDE DO SUL. FOTO DE 2015.

COSTUREIRA CONFECCIONA OU CONSERTA ROUPAS. ACARI, RIO GRANDE DO NORTE. FOTO DE 2014.

MARCENEIROS TRABALHAM NA FABRICAÇÃO DE MÓVEIS. COLOMBO, PARANÁ. FOTO DE 2015.

BOMBEIROS APAGAM INCÊNDIOS E RESGATAM PESSOAS DE ACIDENTES, ENTRE OUTRAS ATIVIDADES. SALVADOR, BAHIA, 2013.

1 VOCÊ CONHECE OS PROFISSIONAIS RETRATADOS NESSAS FOTOS? QUE OUTROS PROFISSIONAIS TRABALHAM NO LUGAR ONDE VOCÊ VIVE?

TRABALHADORES DO PASSADO

ALGUMAS PROFISSÕES QUE CONHECEMOS HOJE EXISTEM HÁ MUITO TEMPO, COMO É O CASO DOS MÉDICOS. MAS HÁ PROFISSÕES QUE DEIXARAM DE EXISTIR.

NO PASSADO, A ILUMINAÇÃO DAS RUAS ERA FEITA COM POSTES DE LAMPIÃO A GÁS. UM TRABALHADOR ACENDIA OS LAMPIÕES. INGLATERRA, 1952.

NO PASSADO, HAVIA TRABALHADORES RESPONSÁVEIS POR LIGAR CABOS PARA COMPLETAR UMA LIGAÇÃO TELEFÔNICA. ALEMANHA, 1925.

1 CONVERSE COM UMA PESSOA MAIS VELHA DE SUA FAMÍLIA. PROCURE SABER SE ELA CONHECE OUTRAS PROFISSÕES QUE NÃO EXISTEM MAIS. PERGUNTE A ELA:

A. O NOME DA PROFISSÃO.

B. O QUE ESSE PROFISSIONAL FAZIA?

- NA SALA DE AULA, CONTE AOS COLEGAS E AO PROFESSOR O QUE DESCOBRIU. OUÇA AS DESCOBERTAS DOS COLEGAS.

MUSEU DE ARTES E OFÍCIOS – VISITA VIRTUAL
DISPONÍVEL EM: <http://www.eravirtual.org/mao_br_1>. ACESSO EM: 9 NOV. 2017.

FAÇA UMA VISITA VIRTUAL PELA EXPOSIÇÃO PERMANENTE DO MUSEU PARA DESCOBRIR DIFERENTES TRABALHOS QUE EXISTIRAM NO PASSADO.

REPRESENTAÇÕES

TRAJETO

PARA IR DE UM LOCAL A OUTRO, PRECISAMOS PERCORRER UM TRAJETO, OU SEJA, UM CAMINHO.

OBSERVE A IMAGEM ABAIXO. A LINHA VERMELHA REPRESENTA O TRAJETO QUE MARIA FAZ TODOS OS DIAS ENTRE A CASA ONDE MORA E A PADARIA ONDE TRABALHA. PERCEBA QUE ELA PRECISA SEGUIR PARA LADOS DIFERENTES NESSE CAMINHO.

1 ACOMPANHE A LEITURA DO PROFESSOR E COMPLETE O TEXTO COM A PALAVRA ADEQUADA.

- NO TRAJETO DE VOLTA PARA CASA, QUANDO MARIA CHEGA NA POSIÇÃO MARCADA COM UM **X**, ELA DEVE VIRAR À _____ NA RUA ONDE MORA.

2 AGORA, EM UMA FOLHA AVULSA, DESENHE UM TRAJETO ENTRE A CASA ONDE VOCÊ MORA E OUTRO LUGAR QUE VOCÊ FREQUENTA PRÓXIMO A ELA. REPRESENTE O QUE ESTÁ DE CADA LADO NESSE TRAJETO.

SESSENTA E NOVE 69

APRENDER SEMPRE

1 QUE TIPOS DE TRABALHO VOCÊ VÊ SENDO REALIZADOS NO SEU DIA A DIA? DESCREVA-OS.

2 VOCÊ JÁ CONHECE VÁRIOS TIPOS DE TRABALHO. QUAL DELES VOCÊ ACHA O MAIS INTERESSANTE? POR QUÊ?

A. IMAGINE VOCÊ JÁ ADULTO E REALIZANDO ESSE TRABALHO. FAÇA UM DESENHO PARA REPRESENTAR ESSA SITUAÇÃO.

B. APRESENTE O DESENHO AOS COLEGAS E AO PROFESSOR. CONTE A ELES QUE PROFISSÃO É ESSA.

3 DESTAQUE AS CARTELAS DO **BINGO DAS PROFISSÕES** NA PÁGINA 101 E OUÇA AS INSTRUÇÕES DO PROFESSOR PARA JOGAR. BOA SORTE!

4 COM A AJUDA DO PROFESSOR, LIGUE AS FOTOS AO TEXTO CORRESPONDENTE.

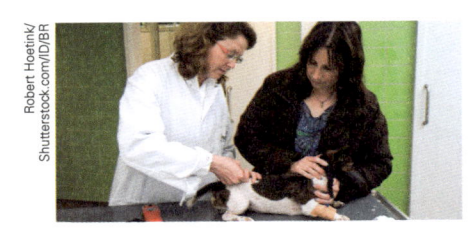

COZINHEIRO(A): PESSOA QUE PREPARA ALIMENTOS.

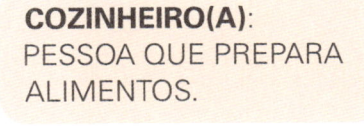

PROFESSOR(A): PESSOA QUE ENSINA OUTRAS PESSOAS.

VETERINÁRIO(A): PESSOA QUE CUIDA DA SAÚDE DOS ANIMAIS.

5 O PROFESSOR VAI ORGANIZAR A TURMA EM GRUPOS. CADA GRUPO DEVE ESCOLHER UMA PROFISSÃO.

- PESQUISEM EM JORNAIS, REVISTAS, NA INTERNET OU NO ÁLBUM DE FAMÍLIA UMA FOTO QUE RETRATE PESSOAS EXERCENDO ESSA PROFISSÃO.

- RECORTEM A IMAGEM SELECIONADA. DEPOIS, COLEM ESSA IMAGEM EM UMA FOLHA AVULSA. COM A AJUDA DO PROFESSOR, ESCREVAM O NOME DA PROFISSÃO AO LADO DA IMAGEM.

- EXPLIQUEM PARA O RESTANTE DA TURMA POR QUE VOCÊS ESCOLHERAM ESSA PROFISSÃO.

- O PROFESSOR VAI ORGANIZAR UM MURAL NA SALA DE AULA COM AS FOTOS DE TODOS OS GRUPOS. TODA A TURMA DEVERÁ CONTRIBUIR NA ESCOLHA DE UM TÍTULO PARA O MURAL.

SETENTA E UM 71

CAPÍTULO 7

A NATUREZA NO DIA A DIA

A NATUREZA ESTÁ PRESENTE EM NOSSA VIDA: NOS ALIMENTOS QUE COMEMOS, NO AR QUE RESPIRAMOS E NA ÁGUA QUE BEBEMOS.

MAS A NATUREZA TAMBÉM SE MANIFESTA DE OUTRAS FORMAS. ELA INTERFERE NAS ATIVIDADES QUE REALIZAMOS E EM NOSSO DIA A DIA. OBSERVE AS IMAGENS.

Ilustrações: André Aguiar/ID/BR

- AS IMAGENS REPRESENTAM MOMENTOS DIFERENTES DO DIA. QUAL DELAS MOSTRA O DIA? QUAL MOSTRA A NOITE?
- QUAIS ATIVIDADES VOCÊ REALIZA NESSES DIFERENTES MOMENTOS DO DIA?
- VOCÊ COSTUMA CONTEMPLAR O CÉU? QUAIS MUDANÇAS VOCÊ PERCEBE NELE AO LONGO DE UM DIA?
- VOCÊ PREFERE DIAS MAIS FRIOS OU MAIS QUENTES? POR QUÊ?

72 SETENTA E DOIS

OS DIAS E AS NOITES

ENQUANTO O SOL ILUMINA O CÉU E ESTÁ CLARO, É DIA. QUANDO O SOL DESAPARECE E O CÉU FICA ESCURO, É NOITE.

PARA A MAIORIA DAS PESSOAS, É COMUM REALIZAR MUITAS ATIVIDADES DURANTE O DIA. POR ISSO, SENTIMOS NECESSIDADE DE DESCANSAR E DORMIR À NOITE.

1 O QUE É POSSÍVEL VER NO CÉU QUANDO A NOITE CAI?

2 A MAIORIA DAS ATIVIDADES DAS PESSOAS, COMO ESTUDO, BRINCADEIRAS E TRABALHO, ACONTECE DURANTE:

☐ O DIA.   ☐ A NOITE.

3 DESENHE ABAIXO UMA ATIVIDADE QUE VOCÊ FAZ:

DE DIA

DE NOITE

Ilustrações: André Aguiar/ID/BR

TRABALHOS NOTURNOS

APESAR DE A MAIORIA DAS PESSOAS DORMIR À NOITE, HÁ MUITAS PESSOAS QUE REALIZAM DIVERSAS ATIVIDADES ENQUANTO VOCÊ DORME.

OBSERVE UM EXEMPLO AO LADO.

PESSOAS TRABALHANDO À NOITE EM UMA CONSTRUÇÃO. JATI, CEARÁ. FOTO DE 2014.

1 COM A AJUDA DO PROFESSOR, ESCREVA ABAIXO O NOME DE CINCO TIPOS DE PROFISSIONAIS QUE TRABALHAM À NOITE.

1. _____
2. _____
3. _____
4. _____
5. _____

2 VOCÊ CONHECE PESSOAS QUE TRABALHAM À NOITE NO LUGAR ONDE VOCÊ VIVE? O QUE ELAS FAZEM?

74 SETENTA E QUATRO

OS LUGARES À NOITE E DE DIA

OS LUGARES MUDAM AO LONGO DO DIA. OBSERVE NAS IMAGENS ABAIXO UM LUGAR EM DOIS MOMENTOS DE UM MESMO DIA.

1 AGORA, CONVERSE COM OS COLEGAS E O PROFESSOR PARA RESPONDER ÀS QUESTÕES ABAIXO.

A. EM QUAL DAS IMAGENS APARECEM MAIS PESSOAS? POR QUE EXISTE ESSA DIFERENÇA ENTRE AS DUAS IMAGENS?

B. QUE OUTRAS DIFERENÇAS VOCÊ CONSEGUE NOTAR ENTRE AS DUAS IMAGENS DESSE LUGAR?

O SOL E A CHUVA

SERÁ QUE APENAS O DIA E A NOITE INTERFEREM NA VIDA DAS PESSOAS? OBSERVE AS FOTOS A SEGUIR.

A

PRAIA CHEIA DE PESSOAS E GUARDA-SÓIS EM DIA DE SOL, NO RECIFE, PERNAMBUCO, 2015.

B

MESMA PRAIA DA FOTO ANTERIOR EM DIA DE CHUVA. RECIFE, PERNAMBUCO, 2016.

1 EM RELAÇÃO À QUANTIDADE DE PESSOAS, COMO A PRAIA ESTAVA NA FOTO **A**? E COMO ELA FICOU NA FOTO **B**?

2 POR QUE ACONTECEU ESSA MUDANÇA?

3 DESENHE NOS ESPAÇOS ABAIXO:

A. DO QUE E ONDE VOCÊ BRINCA QUANDO FAZ SOL.

B. DO QUE E ONDE VOCÊ BRINCA QUANDO CHOVE.

C. MOSTRE SEUS DESENHOS AOS COLEGAS E AO PROFESSOR.

A IMPORTÂNCIA DA CHUVA

A ÁGUA DA CHUVA É ESSENCIAL PARA A VIDA NA TERRA. SEM ELA, AS PLANTAS NÃO CRESCEM E ACABAM MORRENDO. O MESMO ACONTECE COM OUTROS SERES VIVOS.

PLANTAÇÃO DE MILHO. NA FOTO, AS PLANTAS MOSTRADAS TÊM SEU CRESCIMENTO PREJUDICADO PELA FALTA DE CHUVAS. SÃO JOSÉ DOS CAMPOS, SÃO PAULO, 2014.

1 ACOMPANHE A LEITURA DAS FRASES. ESCOLHA UMA DELAS E FAÇA UM DESENHO EM UMA FOLHA AVULSA PARA REPRESENTAR A IMPORTÂNCIA DA CHUVA DESCRITA NESSA FRASE.

A CHUVA MANTÉM OS RIOS CHEIOS.

A CHUVA FAZ AS PLANTAS CRESCEREM.

A CHUVA FORNECE ÁGUA PARA OS SERES VIVOS.

A CHUVA AJUDA A MELHORAR A QUALIDADE DO AR.

O CALOR E O FRIO

HÁ LUGARES NO BRASIL QUE FAZ CALOR O ANO INTEIRO. EM OUTROS LUGARES, PORÉM, FAZ **CALOR** EM DETERMINADO PERÍODO DO ANO E **FRIO** EM OUTRO PERÍODO.

1 OBSERVE AS FOTOS ABAIXO E RESPONDA ÀS QUESTÕES.

PESSOAS EM PARQUE EM CURITIBA, PARANÁ, 2016.

PESSOAS CAMINHANDO NO CENTRO DE CURITIBA, PARANÁ, 2016.

A. INDIQUE QUAL FOTO RETRATA:

☐ UM DIA FRIO. ☐ UM DIA DE CALOR.

- COMO VOCÊ CONSEGUIU PERCEBER ISSO?

B. DE QUE MANEIRA O FRIO E O CALOR INTERFEREM NO SEU DIA A DIA?

2 QUE PARTE DO DIA É MAIS QUENTE: O DIA OU A NOITE? EM SUA OPINIÃO, POR QUE ISSO ACONTECE?

VAMOS LER IMAGENS!

COMPARAÇÃO DE FOTOS DE UM LUGAR

VOCÊ JÁ COMPAROU FOTOS DE UM MESMO LUGAR TIRADAS EM DIFERENTES ÉPOCAS DO ANO? ESSA TAREFA PODE NOS AJUDAR A RECONHECER MUDANÇAS NO LUGAR E NO MODO COMO AS PESSOAS REALIZAM SUAS ATIVIDADES.

COMPARE AS FOTOS A SEGUIR. O PROFESSOR VAI LER AS INFORMAÇÕES DO QUADRO. ELAS VÃO FACILITAR A COMPARAÇÃO DAS FOTOS.

A PARQUE EM NOVA YORK, ESTADOS UNIDOS. FOTO DE JANEIRO DE 2014.

B O MESMO PARQUE EM FOTO DE AGOSTO DE 2015.

	FOTO A	FOTO B
ONDE AS PESSOAS ESTÃO?	EM UM PARQUE NOS ESTADOS UNIDOS.	
COMO ESTÁ O LUGAR?	O CÉU ESTÁ AZUL, MUITAS ÁRVORES ESTÃO SEM FOLHAS E O CHÃO ESTÁ COBERTO DE NEVE. PARECE FAZER MUITO FRIO.	O CÉU ESTÁ AZUL, E A GRAMA E AS ÁRVORES ESTÃO VERDES. O DIA ESTÁ ENSOLARADO. PARECE QUE FAZ CALOR.
O QUE AS PESSOAS ESTÃO FAZENDO?	ESTÃO BRINCANDO NA NEVE.	ESTÃO TOMANDO SOL, DESCANSANDO E FAZENDO PIQUENIQUE.
O QUE AS PESSOAS VESTEM?	VESTEM ROUPAS DE FRIO.	VESTEM ROUPAS LEVES.

AGORA É A SUA VEZ

VOCÊ VAI COMPARAR DUAS IMAGENS DO LUGAR ONDE VIVE. ELAS DEVEM RETRATAR PESSOAS EM UM ESPAÇO AO AR LIVRE E PRECISAM TER SIDO TIRADAS EM ÉPOCAS DIFERENTES DO ANO.

1 COM BASE NAS FOTOS, FAÇA DOIS DESENHOS REPRESENTANDO AS CARACTERÍSTICAS DO LUGAR EM CADA ÉPOCA DO ANO.

- AGORA, COMPARE SEUS DESENHOS E COMPLETE AS FRASES A SEGUIR. MARQUE SUA RESPOSTA COM UM **X**.

   A. AS PESSOAS RETRATADAS ESTÃO:

   ☐ NO MESMO LUGAR.   ☐ EM LUGARES DIFERENTES.

   B. AS ATIVIDADES REALIZADAS EM CADA ÉPOCA SÃO:

   ☐ IGUAIS.   ☐ DIFERENTES.

   C. HÁ DIFERENÇAS NOS TIPOS DE ROUPAS QUE AS PESSOAS ESTÃO USANDO? ELAS USAM ROUPAS QUENTES EM UMA ÉPOCA E ROUPAS LEVES EM OUTRA? EXPLIQUE.

APRENDER SEMPRE

1 OBSERVE AS IMAGENS A SEGUIR.

A

B

A. INDIQUE QUAL CENA É:

☐ DIURNA. ☐ NOTURNA.

B. A ILUMINAÇÃO DA CENA **B** É NATURAL OU ARTIFICIAL? EXPLIQUE.

C. O QUE A PLACA DO SUPERMERCADO INDICA? EXISTE ESSE TIPO DE COMÉRCIO ONDE VOCÊ VIVE?

D. A MAIORIA DOS TRABALHOS É REALIZADA DURANTE O DIA. MAS HÁ DIVERSOS TRABALHOS NOTURNOS. QUAIS ADAPTAÇÕES NA ROTINA VOCÊ IMAGINA QUE SÃO NECESSÁRIAS PARA OS TRABALHADORES NOTURNOS? QUAIS DIFICULDADES ELES PODEM ENCONTRAR?

2 JUNTE-SE A UM COLEGA E OBSERVEM AS FOTOS A SEGUIR. DEPOIS, RESPONDAM À QUESTÃO.

A

CRIANÇA BRINCANDO NA NEVE. ROMÊNIA, 2017.

B

CRIANÇAS BRINCANDO EM PRAIA EM ANTÍGUA E BARBUDA, 2015.

- SERIA POSSÍVEL BRINCAR NA NEVE, COMO NA FOTO **A**, EM UM PAÍS QUE FAZ CALOR O ANO TODO, COMO NA FOTO **B**? POR QUÊ?

CAPÍTULO 8
OS RITMOS DA NATUREZA

O CÉU ESTÁ SEMPRE DO MESMO JEITO? VOCÊ SENTE CALOR TODOS OS DIAS? VOCÊ USA ROUPAS LEVES O TEMPO TODO OU ÀS VEZES SE AGASALHA?

AS MUDANÇAS QUE ACONTECEM NA NATUREZA AO LONGO DO ANO INTERFEREM DE VÁRIAS MANEIRAS NO DIA A DIA DAS PESSOAS. OBSERVE A PINTURA ABAIXO.

LAURA KNIGHT. *LANÇANDO O PAPAGAIO DE PAPEL*, 1910. ÓLEO SOBRE TELA.

▶ O QUE AS CRIANÇAS RETRATADAS ESTÃO FAZENDO?

▶ A IMAGEM É DE UM MOMENTO COM VENTO? EXPLIQUE.

▶ COMO O CÉU FOI REPRESENTADO NESSA PINTURA? QUE OUTRAS APARÊNCIAS O CÉU PODE TER?

▶ NO LUGAR ONDE VOCÊ VIVE, COSTUMA VENTAR MUITO?

AS MUDANÇAS NA NATUREZA

A NATUREZA MUDA CONSTANTEMENTE. ISSO PODE INFLUENCIAR O QUE AS PESSOAS FAZEM EM CADA ÉPOCA DO ANO E TAMBÉM CAUSAR ALTERAÇÕES NOS LUGARES.

PODEMOS PERCEBER ESSAS MUDANÇAS AO OBSERVAR O CÉU, AS PLANTAS, O VENTO, OS RIOS E TAMBÉM COMO AS PESSOAS SE VESTEM E O QUE ELAS COMEM.

OBSERVE A IMAGEM ABAIXO. ELA É A REPRESENTAÇÃO DO PERÍODO DE UM ANO PARA O POVO INDÍGENA SUYÁ.

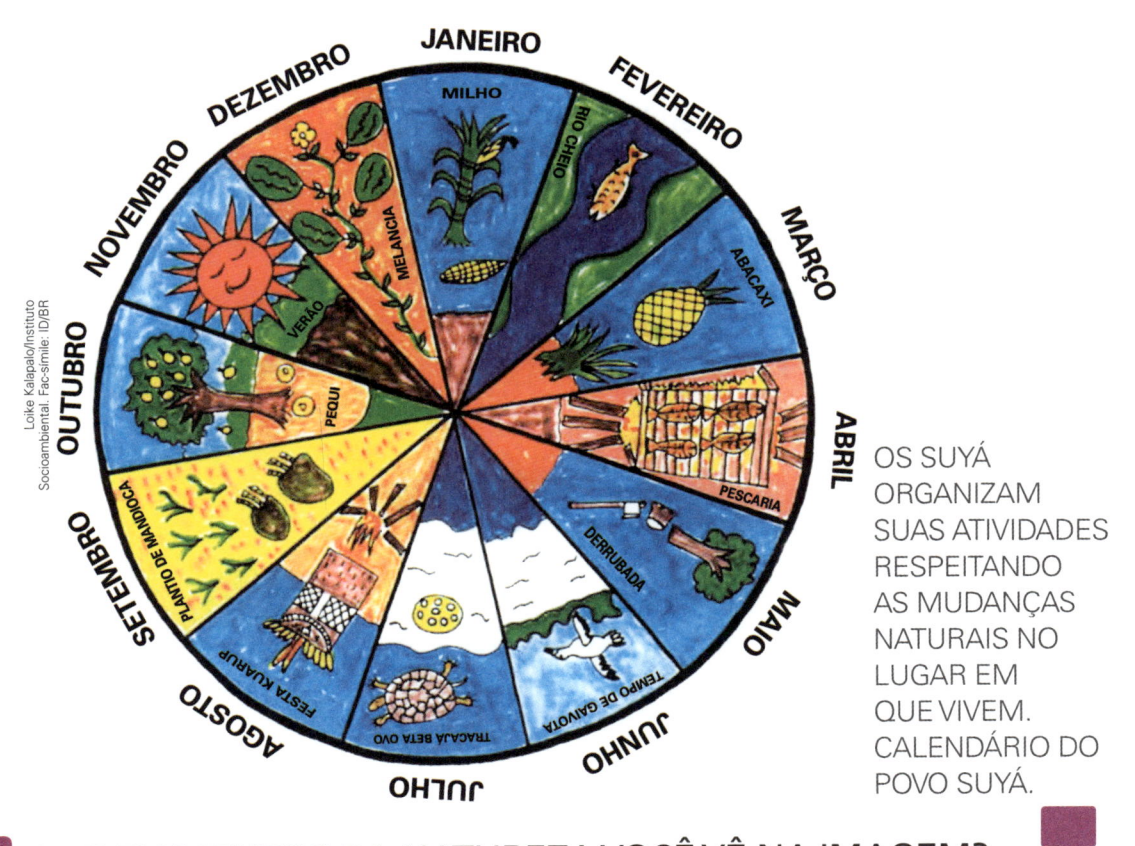

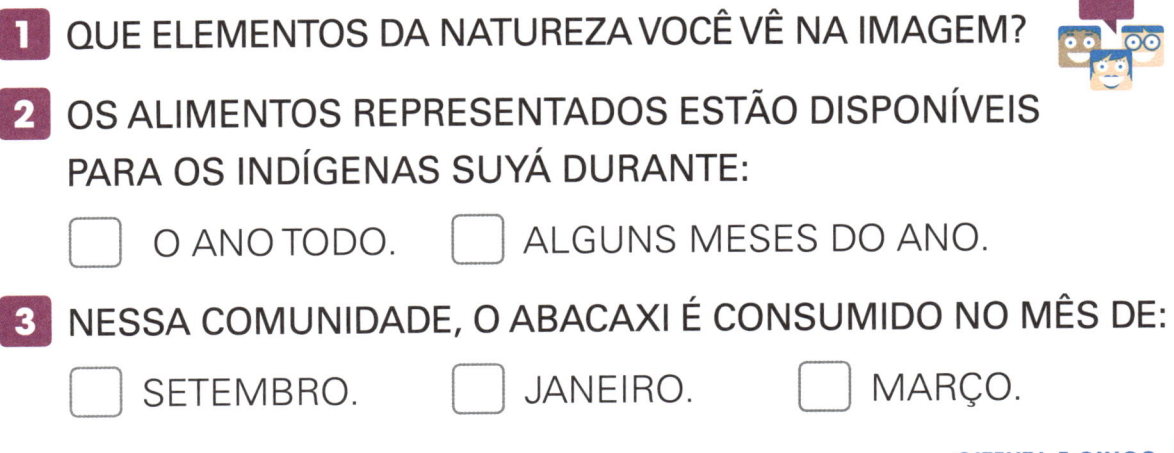

OS SUYÁ ORGANIZAM SUAS ATIVIDADES RESPEITANDO AS MUDANÇAS NATURAIS NO LUGAR EM QUE VIVEM. CALENDÁRIO DO POVO SUYÁ.

1 QUE ELEMENTOS DA NATUREZA VOCÊ VÊ NA IMAGEM?

2 OS ALIMENTOS REPRESENTADOS ESTÃO DISPONÍVEIS PARA OS INDÍGENAS SUYÁ DURANTE:

☐ O ANO TODO.   ☐ ALGUNS MESES DO ANO.

3 NESSA COMUNIDADE, O ABACAXI É CONSUMIDO NO MÊS DE:

☐ SETEMBRO.   ☐ JANEIRO.   ☐ MARÇO.

OS DIVERSOS ALIMENTOS QUE COMEMOS

MUITAS PESSOAS MUDAM A ALIMENTAÇÃO AO LONGO DO ANO PROCURANDO CONSUMIR OS ALIMENTOS MAIS DISPONÍVEIS EM CADA ÉPOCA.

OUTRA MUDANÇA OCORRE NOS PERÍODOS MAIS FRIOS DO ANO, QUANDO AUMENTA O CONSUMO DE ALIMENTOS QUE AJUDAM A ESQUENTAR O CORPO, COMO SOPAS E CHÁS.

JÁ O CONSUMO DE ALIMENTOS SERVIDOS FRIOS É MAIS COMUM EM PERÍODOS DE CALOR, POIS NOS AJUDAM A REFRESCAR O CORPO.

1 SUA ALIMENTAÇÃO MUDA AO LONGO DO ANO? DESENHE O QUE VOCÊ COSTUMA COMER:

A. NOS PERÍODOS MAIS QUENTES DO ANO.

B. NOS PERÍODOS MAIS FRIOS DO ANO.

AS DIFERENTES ROUPAS QUE VESTIMOS

NO BRASIL, EXISTEM LUGARES COM PERÍODOS FRIOS E PERÍODOS QUENTES. TAMBÉM HÁ PERÍODOS CHUVOSOS OU SECOS. ESSAS DIFERENÇAS PODEM INTERFERIR NO MODO COMO AS PESSOAS SE VESTEM.

1 COMPLETE AS FRASES USANDO AS PALAVRAS ABAIXO.

FRIO   QUENTE   CHUVOSO

A. SOFIA E PEDRO FORAM AGASALHADOS PARA A CASA DOS AMIGOS PORQUE O DIA ESTAVA _____.

B. DEPOIS DE MESES FRIOS, O DIA AMANHECEU _____ E ENSOLARADO. ENTÃO, AS CRIANÇAS VESTIRAM CAMISETA E BERMUDA PARA IR À ESCOLA.

C. PARA SAIR EM UM DIA _____, LUÍSA E CAIO USARAM CAPA, BOTAS E GUARDA-CHUVA.

2 QUAL DAS SITUAÇÕES ILUSTRADAS ACIMA É MAIS COMUM NO LUGAR ONDE VOCÊ VIVE? EXPLIQUE.

3 FAÇA UM DESENHO REPRESENTANDO COMO VOCÊ SE VESTIU HOJE PARA IR À ESCOLA.

4 AO LONGO DO ANO, VOCÊ PRECISA MUDAR O MODO DE SE VESTIR POR CAUSA DO FRIO, DO CALOR OU DA CHUVA? POR QUÊ?

REPRESENTAÇÕES

LOCALIZAÇÃO DE OBJETOS

PARA ENCONTRAR OBJETOS OU INDICAR A POSIÇÃO DELES EM UM LUGAR OU EM UMA REPRESENTAÇÃO, PRECISAMOS UTILIZAR PALAVRAS E EXPRESSÕES ADEQUADAS. ALGUMAS DELAS SÃO: DENTRO, FORA, ACIMA, ABAIXO, ATRÁS, À FRENTE, DO LADO DIREITO E DO LADO ESQUERDO.

OBSERVE A IMAGEM ABAIXO E ACOMPANHE A LEITURA DO PROFESSOR.

AS BOTAS ESTÃO **DENTRO** DA CAIXA VERMELHA.

O CASACO ESTÁ **DENTRO** DA CAIXA AMARELA, **ACIMA** DA CAIXA VERMELHA.

O CACHECOL ESTÁ **DENTRO** DA CAIXA AZUL, **ABAIXO** DA CAIXA DAS BOTAS.

AS LUVAS ESTÃO DO **LADO DIREITO** DA CAIXA AZUL, **DENTRO** DA CAIXA VERDE.

O GORRO ESTÁ **DENTRO** DA CAIXA ROXA, DO **LADO ESQUERDO** DA CAIXA VERMELHA.

ANA MORA EM UM LUGAR ONDE FAZ CALOR O ANO TODO. NAS FÉRIAS DE JULHO, ELA E A FAMÍLIA VIAJAM PARA A CASA DOS PRIMOS EM OUTRO ESTADO. NESSA ÉPOCA DO ANO, FAZ MUITO FRIO ONDE OS PRIMOS VIVEM, ENTÃO ANA PRECISA DE ROUPAS ADEQUADAS. A MÃE DELA GUARDA AS ROUPAS DE FRIO DE ANA EM CAIXAS NO ARMÁRIO.

1 PINTE AS CAIXAS DO ARMÁRIO DE ANA SEGUINDO AS DICAS DA MÃE DELA, MOSTRADAS NO BILHETE AMARELO, PARA SABER DE QUAL COR É CADA CAIXA.

2 DESTAQUE AS CARTAS DO **JOGO DA LOCALIZAÇÃO** NA PÁGINA 103. EM DUPLA, BRINQUE SEGUINDO AS ORIENTAÇÕES DO PROFESSOR.

PESSOAS E LUGARES

A VIDA NO PANTANAL

O PANTANAL É UMA GRANDE ÁREA DE TERRAS BAIXAS E PLANAS EM MATO GROSSO E MATO GROSSO DO SUL. NESSE LUGAR, A NATUREZA É MUITO RICA, COM DIVERSOS ANIMAIS E PLANTAS.

NO PANTANAL, VIVEM PESSOAS CONHECIDAS COMO PANTANEIROS, QUE MANTÊM UM CONTATO MUITO PRÓXIMO COM A NATUREZA. É DELA QUE TIRAM SEU SUSTENTO.

HÁ DOIS PERÍODOS COM CARACTERÍSTICAS BEM DEFINIDAS NESSE LUGAR: O DAS CHEIAS E O DA SECA.

NO PERÍODO DAS CHEIAS, PROVOCADAS PELAS CHUVAS, OS RIOS TRANSBORDAM E MUITOS LAGOS SE FORMAM. NESSE PERÍODO, É COMUM O USO DE BARCOS.

COMO OS PANTANEIROS GERALMENTE CUIDAM DE CRIAÇÕES DE GADO, É COSTUME, NAS CHEIAS, RETIRAR OS ANIMAIS DAS ÁREAS ALAGADAS E LEVÁ-LOS PARA ÁREAS SECAS.

PANTANAL NO PERÍODO DAS CHEIAS EM CORUMBÁ, MATO GROSSO DO SUL, 2017.

PANTANEIROS PASSAM POR ÁREA ALAGADA EM POCONÉ, MATO GROSSO, 2017.

BOIS E VACAS SÃO RETIRADOS DE ÁREA ALAGADA E LEVADOS PARA ÁREAS SECAS EM CORUMBÁ, MATO GROSSO DO SUL, 2014.

NO PERÍODO SECO, QUANDO QUASE NÃO HÁ CHUVAS, OS RIOS FICAM COM POUCA ÁGUA, AS ÁREAS GRAMADAS FICAM DESCOBERTAS E AS ESTRADAS REAPARECEM. FICA, ENTÃO, MAIS FÁCIL DESLOCAR-SE POR TERRA.

ÁREA DO PANTANAL NO PERÍODO DA SECA, QUANDO AS ESTRADAS VOLTAM A FICAR ADEQUADAS À CIRCULAÇÃO DE PESSOAS. POCONÉ, MATO GROSSO, 2017.

1 QUAL ELEMENTO DA NATUREZA INFLUENCIA O RITMO DE VIDA DAS PESSOAS QUE VIVEM NO PANTANAL?

2 COMO FICA O PANTANAL DURANTE OS MESES DO ANO EM QUE OCORREM AS CHEIAS?

3 COMO FICA O PANTANAL DURANTE OS MESES DO ANO EM QUE OCORRE A SECA?

4 OS PANTANEIROS CONVIVEM DIRETAMENTE COM A NATUREZA. VOCÊ TAMBÉM TEM CONTATO PRÓXIMO COM A NATUREZA EM SEU DIA A DIA? EXPLIQUE.

NOVENTA E UM 91

APRENDER SEMPRE

1 VEJA O QUE RENATA CONTA SOBRE O LUGAR EM QUE ELA VIVE.

OI. SOU A RENATA E MORO EM URUBICI, EM SANTA CATARINA. NO PERÍODO MAIS FRIO DO ANO, PODE ATÉ NEVAR AQUI. QUANDO ISSO ACONTECE, ADORO BRINCAR DE FAZER BONECO DE NEVE COM MEUS AMIGOS. MINHA TIA ROBERTA E EU TOMAMOS CHOCOLATE QUENTE NAS NOITES FRIAS ANTES DE DORMIR.

TEXTO PARA FINS DIDÁTICOS.

A. DO QUE RENATA GOSTA DE BRINCAR QUANDO NEVA ONDE ELA MORA?

B. CIRCULE ABAIXO O QUE RENATA COSTUMA BEBER NAS NOITES FRIAS PARA SE AQUECER.

C. HÁ PERÍODOS DO ANO EM QUE FAZ FRIO NO LUGAR ONDE VOCÊ VIVE? EM CASO AFIRMATIVO, QUAIS MUDANÇAS ACONTECEM NO SEU DIA A DIA?

D. NEM TODAS AS PESSOAS POSSUEM ROUPAS ADEQUADAS PARA USAR NOS PERÍODOS MAIS FRIOS DO ANO. EM SUA OPINIÃO, O QUE É POSSÍVEL FAZER PARA AJUDAR ESSAS PESSOAS?

2 FAÇA UM DESENHO PARA CADA SITUAÇÃO REPRESENTADA. MOSTRE O QUE VOCÊ COSTUMA VESTIR E USAR E COMO VOCÊ COSTUMA BRINCAR EM CADA SITUAÇÃO.

SUGESTÕES DE LEITURA

SER CRIANÇA, DE TATIANA BELINKY. SÃO PAULO: COMPANHIA DAS LETRINHAS.

BRINCAR COM JOGOS, BRINQUEDOS E... PALAVRAS. NESSE LIVRO, A AUTORA NOS MOSTRA COM POEMAS A BELEZA DE SER CRIANÇA.

BRINCADEIRA DE CRIANÇA, DE ANNA CLAUDIA RAMOS. SÃO PAULO: LAROUSSE JÚNIOR.

BRINCADEIRA DE MENINO, DE MENINA, DE CRIANÇAS! NESSE LIVRO, VOCÊ VAI APRENDER QUE O MELHOR É BRINCAR COM TODOS.

"E EU COM ISSO?!" APRENDENDO SOBRE RESPEITO, DE BRIAN MOSES E MIKE GORDON. SÃO PAULO: SCIPIONE.

PARA VIVER BEM EM GRUPO, É PRECISO SABER RESPEITAR E EXIGIR RESPEITO. E É ISSO QUE ESSE LIVRO ENSINA.

O LIVRO DAS CASAS, DE LIANA LEÃO. SÃO PAULO: CORTEZ.

CASA É UMA PALAVRA CURTA, MAS TEM GRANDE SIGNIFICADO. NESTE LIVRO, VOCÊ VAI DESCOBRIR VÁRIOS TIPOS DE CASA E SEUS SIGNIFICADOS.

O PRIMEIRO DIA DE ESCOLA, DE ANTÓNIO MOTA. SÃO PAULO: LEYA.
COMO VOCÊ SE SENTIU EM SEU PRIMEIRO DIA NA ESCOLA? NESSE LIVRO, VOCÊ VAI DESCOBRIR COMO AVÓS, PAIS E FILHOS SE SENTIRAM NESSA SITUAÇÃO.

SAIBA MAIS! SOBRE O DIA DO TRABALHO, DE MAURICIO DE SOUSA. BARUERI: MAURICIO DE SOUSA EDITORA PANINI.
NESSE GIBI DA TURMA DA MÔNICA VOCÊ VAI CONHECER O TRABALHO DE DIVERSOS PROFISSIONAIS.

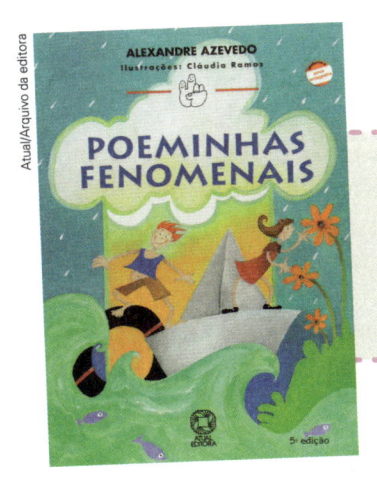

POEMINHAS FENOMENAIS, DE ALEXANDRE AZEVEDO. SÃO PAULO: ATUAL.
O LIVRO REÚNE POEMAS BEM DIVERTIDOS, PARA VOCÊ ENTENDER ALGUNS FENÔMENOS DA NATUREZA.

AS ESTAÇÕES: POESIAS INFANTIS DE OLAVO BILAC. BARUERI: STUDIO NOBEL.
NESSE LIVRO, VOCÊ PODE LER POEMAS SOBRE DIFERENTES PERÍODOS DO ANO, COMO A ÉPOCA DE FRIO E DE CALOR.

BIBLIOGRAFIA

AB'SÁBER, Aziz. *Brasil*: paisagens de exceção. Cotia: Ateliê Editorial, 2006.

ALMEIDA, Rosângela, Doin de. *Do desenho ao mapa*: iniciação cartográfica na escola. São Paulo: Contexto, 2001.

ARANTES, Valéria Amorim (Org.). *Como desenvolver as competências na sala de aula*. Petrópolis: Vozes, 2001.

BITTENCOURT, Circe. Livros didáticos: entre textos e imagens. In: _____ (Org.). *O saber histórico na sala de aula*. São Paulo: Contexto, 1996.

BRASIL. Ministério da Educação. Secretaria de Educação Básica. *Base nacional comum curricular*: educação é a base. Brasília: MEC, 2017. Disponível em: <http://basenacionalcomum.mec.gov.br/wp-content/uploads/2018/04/BNCC_19mar2018_versaofinal.pdf>. Acesso em: 29 mar. 2018.

CASTROGIOVANNI, Antonio et al. *Geografia em sala de aula*: práticas e reflexões. São Paulo: Contexto, 2005.

CARLOS, Ana Fani A. *A condição espacial*. São Paulo: Contexto, 2011.

_____ (Org). *A Geografia na sala de aula*. São Paulo: Contexto, 1999.

CAVALCANTI, Lana de Souza. *Geografia, escola e construção do conhecimento*. Campinas: Papirus, 2011.

FERREIRA, Graça Maria Lemos; MARTINELLI, Marcelo. *Atlas geográfico ilustrado*. São Paulo: Moderna, 2012.

FIGUEIREDO, Marcio Xavier Bonorino. *A corporeidade na escola*: brincadeiras, jogos e desenhos. 6. ed. Pelotas: UFPel, 2009.

FUNARI, Pedro Paulo; PIÑON, Ana. *A temática indígena na escola*. São Paulo: Contexto, 2011.

INSTITUTO BRASILEIRO DE GEOGRAFIA E ESTATÍSTICA (IBGE). *Meu 1º atlas*. 4. ed. Rio de Janeiro: IBGE, 2012.

INSTITUTO SOCIOAMBIENTAL (ISA). *Almanaque Brasil socioambiental*. São Paulo: Instituto Socioambiental, 2007.

KIMURA, Shoko. *Geografia no Ensino Básico*. São Paulo: Contexto, 2011.

KLISYS, Adriana; STELLA, Carlos Dala. *Quer jogar?* São Paulo: Edições Sesc SP, 2010.

LEITE, Carlos; AWAD, Juliana di Cesare Marques. *Cidades sustentáveis, cidades inteligentes*: desenvolvimento sustentável num planeta urbano. Porto Alegre: Bookman, 2012.

LESANN, Janine. *Geografia no Ensino Fundamental I*. Belo Horizonte: Fino Traço, 2011.

MATTOS, Regiane Augusto. *História e cultura afro-brasileira*. São Paulo: Contexto, 2011.

MEIRELLES, Renata (Org). *Território do brincar*: diálogo com escolas. São Paulo: Instituto Alana, 2015. Disponível em: <http://territoriodobrincar.com.br/wp-content/uploads/2014/02/Território_do_Brincar_-_Diálogo_com_Escolas-Livro.pdf>. Acesso em: 7 dez. 2017.

MENDONÇA, Francisco; DANNI-OLIVEIRA, Inês Moresco. *Climatologia*: noções básicas e climas do Brasil. São Paulo: Oficina de Textos, 2007.

NARVAES, Patrícia. *Dicionário ilustrado de meio ambiente*. São Caetano do Sul: Yendis, 2011.

PHILIPPI JR., Arlindo; FERNANDES, Valdir (Ed.). *Práticas da interdisciplinaridade no ensino e pesquisa*. Barueri: Manole, 2015.

TUFANO, Douglas. *Dicionário infantil ilustrado*. São Paulo: Moderna, 2011.

DESTACAR E JOGAR

PÁGINA 11 › **JOGO DA MEMÓRIA – BRINCADEIRAS**

Ilustrações: Vanessa Alexandre/ID/BR

DESTACAR E JOGAR

PÁGINA 11 › **JOGO DA MEMÓRIA – BRINCADEIRAS**

NOVENTA E NOVE 99

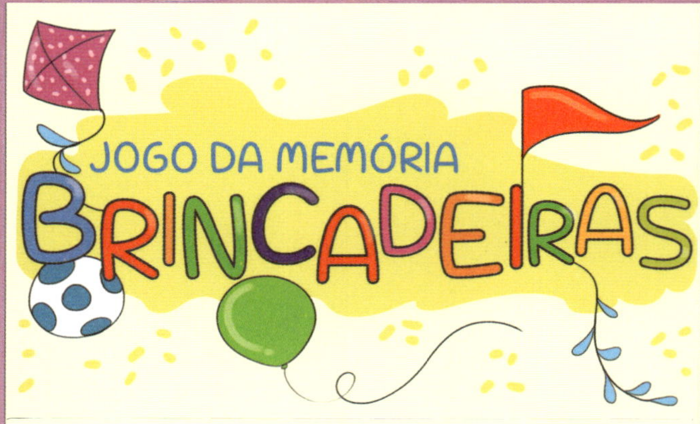

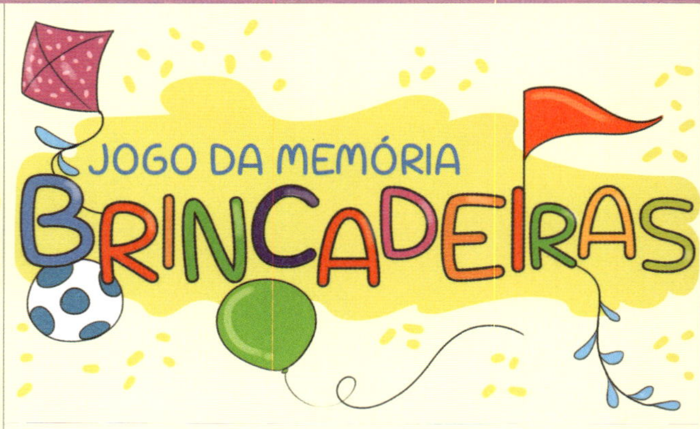

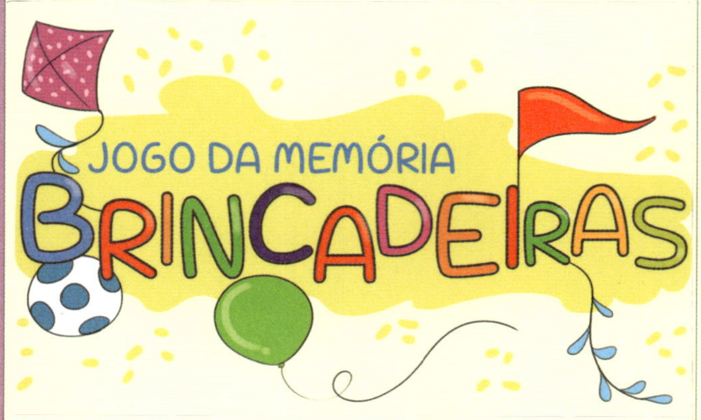

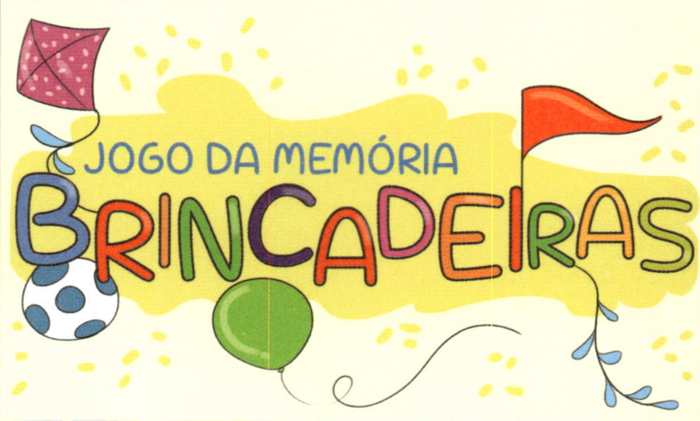

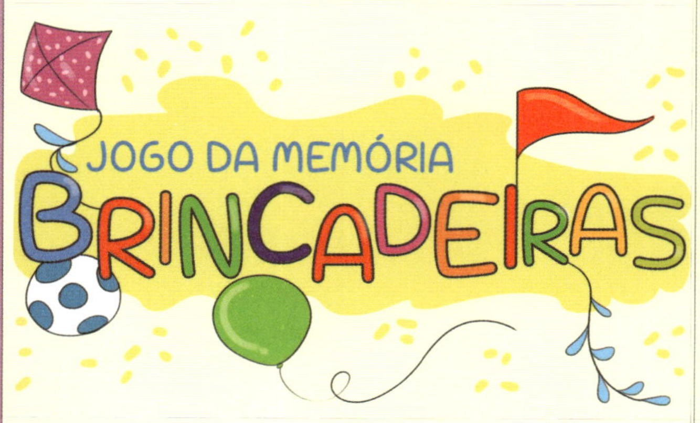

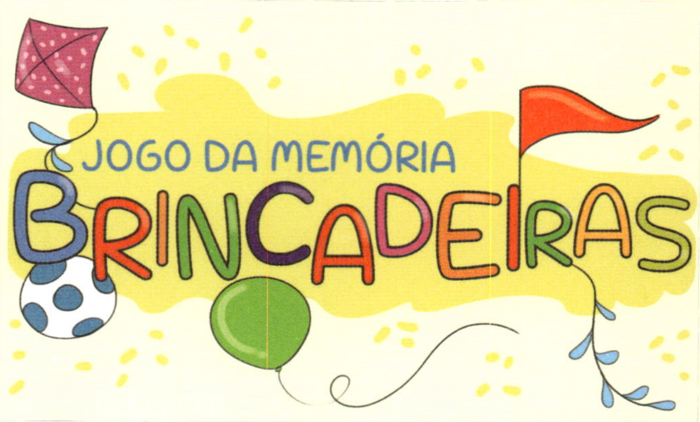

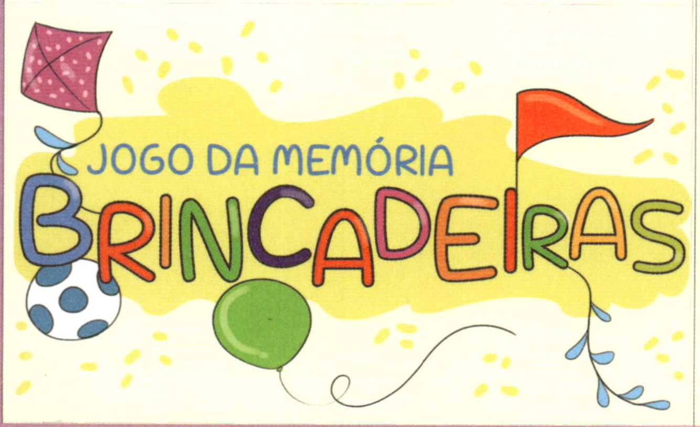

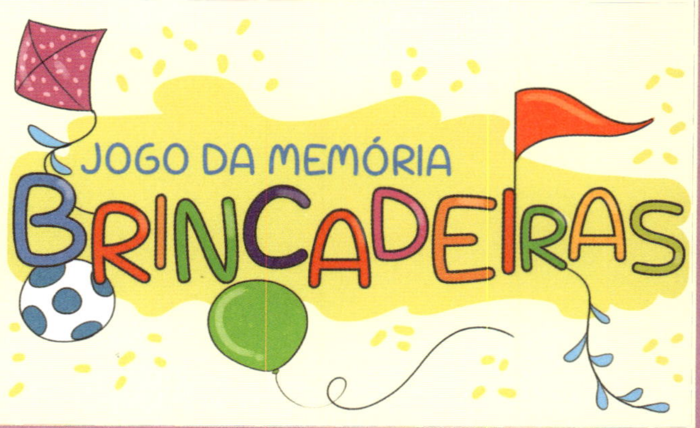

Ilustrações: Vanessa Alexandre/ID/BR

DESTACAR E JOGAR

PÁGINA 70 › **BINGO DAS PROFISSÕES**

	BINGO DAS PROFISSÕES	

	BINGO DAS PROFISSÕES	

CENTO E UM **101**

DESTACAR E JOGAR

PÁGINA 89 › **JOGO DA LOCALIZAÇÃO**

NAS CARTAS ACIMA, FAÇA O DESENHO DE UMA CENA SIMPLES, MUDANDO A LOCALIZAÇÃO DE UM ELEMENTO DESSA CENA EM UMA DAS CARTAS.

CENTO E TRÊS

JOGO DA LOCALIZAÇÃO

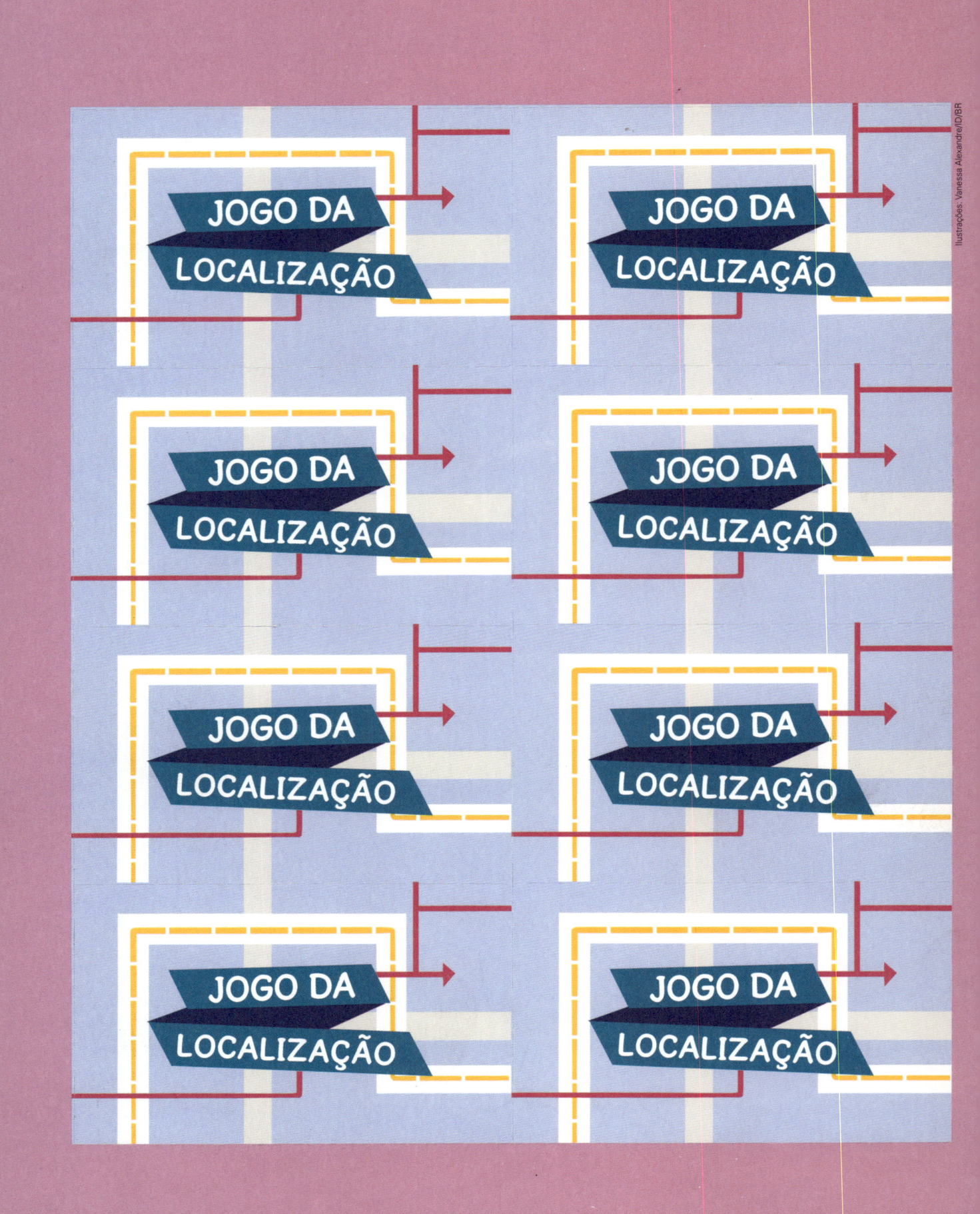